哲学研究

第六百七号

国家・時間・歴史主義
――前期の田辺哲学の最終局面――

竹花洋佑

はじめに

「種の論理」という仕方で時代に対峙しようとした田辺は、時局がまさに苛烈さを極めようとしていた一九四二年から一九四四年の秋までのほぼ三年の間、数回の講演を除いて自説を積極的に世に問うことをしなかった。この沈黙の理由を後に田辺は、「国家と自己との矛盾から、延いて自己自身の分裂絶望に悩まされ」（七・二五四）たことにあったと振り返っている。『懺悔道としての哲学』の「序」（一九四五年十月）において、このことは、「国政の釐革に関して苟も言うべきものがあるならば、ただ沈黙するのは国家に対する不忠実ではないか、という念慮」（九・三）と、「平時ならば当然なる斯かる行動も、戦時敵前に国内思想の分裂を暴露する恐ある以上は、許さるべきではないという自制」（同）とのジレンマとして語られている。この時期田辺はかつてのように哲学を武器として現実に批判的に対峙することができなくなっていたのである。

国家の理性的根拠を発見するという「種の論理」の実践的動機は、国家の理念的像を携えることによって自ずから現実の国家に対する批判という機能を果たす。ところが、「非常時」という現実が田辺からこの姿勢を奪う。この方向の延長線上には現実の国家のあり方をそのままのかたちで是認せざるをえない態度が控えている。日本の敗色が濃厚となっていた一九四三年五月に行われた講演「死生」における田辺の発言がまさにそのようなものであった。「もはや平常時の如く我々は国と自己とに隔りをおくことは許されない」（八・二六〇）とした上で、田辺は国家と個人との一体性の意義を神の絶対性を実現するものとみなし、そこに「自己が生き死ぬるのでなく、神、絶対によって死なしめられ且つ生かしめられる」（同）境位が成立することを説いたのである。

田辺の思想を扱う上で避けて通れない問題は、このような主張が時局をふまえた単なる一過的な発言として片付けることができないということである。なるほど、個人と国家との合一を強調するこの主張は、あくまでも「国家の危急」（同）という例外的事態において妥当すべきものであるとされてはいる。しかし、田辺にとって個人の真の人格と自由とは本質的に国家を必要条件として達成されるものであった。例えば、太平洋戦争開戦直前に発表された小論「国家の道義性」（一九四一年一〇月）の中で田辺は、「個人に於ては自己を超える国家への献身という否定なくして絶対への参与はない」（八・二〇七）と言う。国家の存在とその行動の正当化の根拠、つまりその「道義性」を闡明にしようとする意図において、「死生」よりも田辺の批判精神は発揮されていると言えるものの、「個人は国家の内に死することに於て生き、国家は個人を生かすことに於て自ら生きる」（八・二〇八）と説く田辺の立場は右の「死生」のそれと原理的に地続きのものであろう。

そもそも「種の論理」の提唱当初から国家には個人が真実の個人になるための場という地位が与えられていた。その限りではこうした国家主義的言説の芽は初めから田辺の思想の中に存在していたと言えよう。しかし、決して見逃されてはならないのは、田辺の初期の国家論が理念性と現実性との二重性を内包していたという事実である。(2)別言すれば、国家の特権性が述べられるにしても、その場合には常にあるべき国家と現にある国家との区別が念頭

ISSN　0386－9563

哲學研究

第六百七號

令和四年二月二十八日發行

京都大學大學院文學研究科内

京都哲學會

京都哲学会規約

一、本会は広義における哲学の研究とその普及を図ることを目的とする。

二、右の目的のために左の事業を行う。

㈠会誌「哲学研究」を発行する。

㈡毎年公開講演会を開く。

㈢随時研究会を開く。

三、本会の事業を遂行するために委員若干名をおく。委員会の中から互選により代表一名をおく。委員は京都大学大学院文学研究科の旧哲学科系所属教官の有志、および委員会において推薦したものに委嘱する。

四、委員会の中に「哲学研究」の編集委員会をおく。

五、本会は賛助員若干名をおく。賛助員は会員の中から委員会が推薦する。

六、本会は会員組織とし、会員には資格の制限を設けない。学校・図書館・其他の団体は団体の名を以て入会することができる。

七、会員は年会費六、〇〇〇円を納める。

八、会員は会誌の配布を受け会誌に予告する諸種の行事に参加することができる。

九、本会は事務所を京都大学大学院文学研究科内におく。

十、規約の改正は委員会の決定による。

京都哲学会委員

に置かれていた。ところがある時期を境にして、この微妙な均衡が崩れ、国家の類的な理念性そのものよりも類的なものの現実化としての国家という観点が前面に押し出されるようになる。その境と見なされるのが、一九三九年に発表された「国家的存在の論理」である。田辺は戦後自らの国家理解の誤りが、「理性の同一性を脱却しなかった為に、私の始終批判しつつあったヘーゲルの合理主義に自ら顛落し、彼の如く国家を絶対化して個人の自由をそれに同化する傾向を免れえなかった」(七・二五三)点にあったことを告白しているが、ここでは国家の絶対化という傾向が最も顕著なかたちで現われている。[3] この論文が「田辺哲学最大の問題作」[4] と言われる所以であろう。

それでは、このような「種の論理」の国家主義的な変質は何によってもたらされたのであろうか。40年代前半の田辺の思想的沈黙あるいは〝挫折〟、そしてその向こう側に開かれることになる「懺悔道」という思索の新生という田辺哲学の流れを見据えたときに、まず念頭に浮かぶのはこのような問いであろう。[5] しかしながら、本稿の目的はこの問いに答えるところには置かれていない。田辺の国家主義の発露と見なされる「国家的存在の論理」以降の思想についての基本的構図とそれに伴う問題を十分にふまえた上で、ここでは戦前の田辺哲学の最終局面を別の視点から、ある固有の価値をもったものとして明らかにすることを試みる。そのことによって、この時期の田辺の思索が国家主義一色に染まるものではないこと、そしてその中に後期思想の胎動ともいえるものが見て取れるということを明らかにしていきたいと考えている。

ではその「別の視点」とは何か。このことを明らかにする前に確認しておかなければならない重要な事実がある。それは「国家的存在の論理」が戦前の田辺哲学の最後の重要な論文ではない、ということである。これまでの田辺解釈は、この論文を前期の田辺の到達点と見なし、その国家論の〝破綻〟を「懺悔道」の立場に直結させる傾向にあった。しかし、田辺は沈黙に入る以前になおも重要な論稿を残している。それが「永遠・歴史・行為」(一九四〇年一〇-一二月)である。「種の論理」の諸論稿はその年の秋から冬、場合によっては翌年にかけて『哲學研究』に発表されるのが常であったが、こうした仕方で発表された最後の完成論文がこの「永遠・歴史・行為」である。[6] したがって、戦前の田辺の思想展開を跡づけようとするならば、この論稿の考察を欠くことはできないはずである。

もっとも、この論文がこれまでほとんど注目されなかったのには十分な理由がある。ここには「種の論理」はおろか、前年にあれほど盛んに論じられていた国家の問題ですらほとんど登場しないからである。この「永遠・歴史・行為」の主題は時間である。田辺哲学全体を見渡しても、これほど時間についてまとまった叙述が展開される論文はない。そうであるがゆえに、前期の田辺哲学を国家主義に収斂するというストーリーにおいて描こうとする場合には、この論文の主題は例外的な問題として視野の外に置かれざるをえないだろう。

しかしながら、時間という問題への関心は田辺の国家論と緊密に結合している。両者をつなぐものを歴史主義に見るというのが本稿の視点であるが、そのことを理解するためにはこの時期に田辺に生じた緩やかな思索の変容、すなわち「絶対無」の「還相」面の注目について簡単に触れておく必要があるだろう。言うまでもなく、これは往相回向・還相回向として語られる真宗の根本概念であるが、田辺はこれを相対と絶対との間の方向性を指示するものとして用いる。すなわち、相対から絶対へという方向が「往相」であり、絶対から相対へという方向が「還相」である。田辺において絶対とは「絶対無」のことであり、それは媒介性を本質とするものであるが、「絶対無」が媒介性を自らの本質に組み入れる仕方にも「往相」面と「還相」面があると田辺は考える。すなわち、有限的存在を出発点として立て、その行為的転換（行為による自覚の変容）に「絶対無」を発現させる媒介性を見ようというのが「往相」的な「絶対無」の見方である。『ヘーゲル哲学と弁証法』（一九三二年）から「社会存在の論理」（一九三四-三五年）や「種の論理と世界図式」（一九三五年）に代表される初期の「種の論理」の立場はこのようなものであった。ところが、田辺は「絶対無」それ自身が媒介性の構造を内蔵しているがゆえに、必然的にそれが同時に有限相対に通路を開くものであるという点も強調するようになる。それが「絶対無」の「還相」面である。こうした側面への注目は、一九三七年に発表された「種の論理の意味を明にす」の後半部において顕著となり、[7]その後この傾向は加速していく。媒介性の思想を徹底するならば、「絶対無」は「往相」的にも「還相」的にも捉えられなければならないという原理的な問題意識に支えられてのことである。田辺が歴史主義として名付けることになる思想は、このような「還相」の論理の、しかも以下において論じるように、その歴史哲学的な展開として理解されるべきものである。そして、そのような展開は田辺においてはまずは国家についての思索として具体化される。それが「国家的存在の論理」に他ならない。田辺の国家主義を象徴するものとしてすこぶる評判の悪い、「絶対無」の「応現存在」としての国家という発想は、田辺からすれば「絶対無」の「還相」という思想の具体的展開を意味するのである。そして、続く「永遠・歴史・行為」は国家論として具体化された「還相」の哲学の、時間論という次元における原理的な探究という意味と位置をもつものに他ならない。田辺によれば、時間の「統一の根柢たる永遠の、時に還相する連続性が、軽視せられ」(七・一一三)たようなかつての「偏頗を矯正し、時間論と歴史観との、永遠に対する往相の一面性を修正しようと欲する要求」(同)がこの論文執筆の動機なのである。ここにおいて主張される「歴史主義的時間存在論」(七・一二一)は、田辺の歴史主義的哲学の宣言に他ならない。ここで明確に提唱される歴史主義という立場は、その後の田辺哲学を貫く立脚地となっていく。[8]

このように捉えるならば、全く脈絡のないもののように見えた国家論と時間論とは、いわば田辺の歴史主義の具体論と原理論として統一的に理解されなければならないことになる。この両者の連関を見据えつつ、田辺の歴史主義に明らかにしていくことが本稿の課題である。まずは、田辺の国家論を〝歴史主義的〟国家論として解釈した上で、田辺の歴史主義の原理論すなわち歴史主義的時間論の意味に迫っていくことにしよう。

一　無の「応現」としての国家

「国家的存在の論理」における田辺の国家論において最も我々の注意を引くのが、先にも触れたように、国家を「絶対無」の「応現的存在」として捉える主張である。「応現」とは『金光明経』に由来する仏教の言葉であり、「機に応じて身を現ずる」（七・六〇）ということを意味すると言われる。つまり、それ自体としては非形象的な無が形を持つものとして現実に現われたものが国家と見なされる。田辺の言葉を用いれば、「無の絶対性の要求に応ずる媒介として、それ自身絶対性を擬せられ、絶対無に準ずる絶対有として恒存する」（七・六六）ような存在が国家なのである。なるほど、国家は決して絶対そのものではなく、あくまでも「擬制的絶対quasiabsolutumともいうべきものに止まる」（七・六一）と言われてはいる。しかし、この主張においては国家に地上における絶対者としての優越性が与えられていることは明らかだろう。ではなぜ、田辺はここで新たに「応現」という考えを用いて国家のあり方を説明したのであろうか。その理由としては次の二点が考えられる。

一つ目の理由として、国家論に向けられた批判に応答するために「応現」という発想が提起されているということが挙げられる。田辺はこの論文で、事実性と規範性を分離する態度を批判し、存在は同時に当為としても考えられるべきことを繰り返し述べているが、そうした主張は自身の国家論に向けられた批判を意識して言われたものである。田辺は次のように述べている。

…斯かる〔社会存在の論理で説いた種と個との相互媒介としての〕国家は現実の存在でなく単なる当為理念に止まるという批評を受けた。私は斯かる批評が正に、現実の有する存在当為相即の実践的意味を無視する抽象の結果なることを、主張せざるを得ないのである（七・三〇）。

田辺が念頭においているこの「批評」が実際に誰によるものかは確定することはできないが、おそらくは戸坂潤の次のような発言を意識していたと推察される。

…大事な点は、博士がここで推奨して已まぬ国家なるものが、理念国家であり、或いは之をヘーゲル的発出論から救うために云うなら、云わば無的国家なのであって、決して現実の日本や支那・満州やイタリアやエチオピアのことではないという点だ。道徳的実践の理想としての国家はかかる意味を有つべきものであって、夫が現実の国家とどういう具体的な実際関係にあるかは、問題ではない（民族に就いてもこの点変りはないのである）。(9)

戸坂のこの批判の要点は、田辺の主張には国家の現実的・具体的分析が欠けているというものであるが、もしこの批判を田辺が意識していたとすれば、本質的には田辺は戸坂の批判には応えていないと言わざるをえない。田辺が対置するのは、依然として理念と現実の関係性をめぐる理論上の問題にとどまるからである。そうであるとしても、理念的なものを現実に引き寄せる必然性が「応現」という仕方で具体化されたことは確かであろう。すなわち、当為が即事実として考えられるのは、超越的な規範を絶えず現実化する実践の立場によって可能となるが、それが単なる形式論以上のものたり得ている所以は、実践の舞台が建設されることを求められるものでありつつ、すでに絶対的なものとして現前している国家と見なされるからである。この後者の側面を強調した概念が「応現」に他ならない。(10)

二つの目の理由は、田辺の哲学的立場そのものに関わる。すでに確認したように、「種の論理の意味を明にす」の時期から浮かび上がってきた「絶対無」の「還相」という発想はそこではひとまずは象徴として具体化されることになる。[11] ただ、「絶対無」の現象面を表すためにここで田辺が選んだ概念は象徴ではなく「応現」であった。[12] すなわち、「無の応現」こそが「絶対無の還相に当る」（七・六一）ものなのである。その上で田辺は、無の場所的理解を批判することに急なるあまり、無の可能性を行為においてのみ捉えようとしたかつての立場が「今から考えれば矢張反対の抽象」（同）に陥っていたことを認める。すなわち、「無の場所的直接態が却て絶対を無から有に転化せしめる抽象であったとするならば、単に絶対否定の行為的立場に立つのは、反対に無を無として無媒介ならしめる反対の方向に於ける抽象であるといわざるを得ない」（同）。「絶対媒介の論理」を貫徹しようとするならば、無を有とは隔絶された孤立的存在としてしまうことは許されず、有との媒介関係を持つものとして理解される必要がある。ゆえに、次のように言われる。

今や有と無との綜合が絶対無そのものに於てまで対自化せられ、それに依って媒介が徹底せられる。これが絶対無の応現としての媒介的存在の現成である。私は之を以て始めて能く弁証法を完成し得るものと考えざるを得ない（七・六二）。

しかし、「応現」としての国家という発想はそれまでの田辺の思想の延長線上に位置付くものであるだけではない。それは一面においては、「種の論理」の構想そのものからの逸脱という意味を持っている。もちろん、国家が田辺の思索の中心を占めるに至ったことが逸脱であるわけではない。「社会的なもの」の由来を発見することを介して国家の理性的根拠を探ることを実践的動機とする「種の論理」は当初から国家の問題を中心的課題としていた。したがって、「種の論理」という観点からすれば、この論文において国家の使命を声高に叫ぶ田辺の姿勢がことさらに批判されるべき点ではない。問題はより原理的なレベルに潜んでいる。「種の論理の意味を明にす」において田辺が強調していたように、「絶対媒介の論理」が「種の論理」たる理由は、種が否定的媒介性であるところに存している。[13] ところが、田辺はこの論文において、それとして明言することなく、否定的媒介性という役割を種から国家へとずらしている。「無の応現は無の否定たる有にして而も無の現成たる存在である。それこそ具体的に、無いことに於て有る、という否定的媒介の存在といわれる」（七・六一）とされているように、否定的媒介性という田辺の論理の根幹を支えるものはもはや種ではなく国家の方である。このような主張が従来の「種の論理」の枠組みを踏み越えたものであることは明らかであろう。しかも、この踏み越えは田辺において自覚的になされている。「国家的存在の論理」という言い方には、おそらく「絶対媒介の論理」をそれまでの「社会存在の論理」とは別の仕方で展開しようとする意図が込められている。しかし、ここでの構想の改変は否定的媒介性の所在を種から類へ移行させる以上の意味を持っている。なぜなら、国家が無の絶対性を体現する「応現的存在」と見なされている以上、かつて種の自己疎外性に見られていた絶対性に対する否定的な他者性は、ここにおいては希薄化せざるをえないからである。国家が無の否定的媒介存在と主張されたところで、その否定性は無ではない有という形式的な意味以上のものではない。

種という概念が消えてしまっているわけではない。田辺は国家が主体と基体つまり個と種の総合として考えられるということを繰り返し主張している。しかし、ここで種に与えられている意味合いはそれ以上のものではない。説かれているのは、個も種もそれだけでは自立的に存在し得ず、その交互媒介態としての国家こそが最も具体的で自立的な存在であるという点だけである（七・六九-七〇）。このような個と種に対する国家の優位性という立場においては、種は類的なものの単なる構成要素の一つにすぎず、かつてのように類の根拠という意義をもつものではない。なるほど、類の根拠は「類化された種」に相当する国家にあるという基本的枠組みは踏襲されてはいる。しかし、個体が類的な存在へと変容する際に潜り抜けなければならない「有限性の自覚」を可能とする種的なものの媒介性への顧慮はここでは皆無であると言ってよいだろう。「個の論理」が機能不全に陥っていることが「種の論理」の挫折の原因であることがしばしば指摘されるが、ここでは「個の論理」が機能しなくなっているどころか、(14)「国家的存在の論理」はそもそも「種の論理」とは見なし難いものとなっているのである。これが「国家的存在の論理」の最大の問題点であろう。

二　「存在の原型」としての国家と歴史主義

以上の点をふまえるならば、「国家的存在の論理」とそれまでの「種の論理」との間には大きな溝があると言わなければならない。この「国家的存在の論理」は、明らかに「種の論理」そのものとしては〝後退〟している。あるいはその自己解体といっても決して言い過ぎではない。それと引き換えに田辺が手に入れたものは、自らの思想の歴史哲学的展開であった。「種の論理の意味を明にす」の後半部において「未だ一度も歴史哲学を標榜しなかった」（六・五一七）と述べていた田辺が、ここにおいては自説の歴史哲学的意義について積極的に語り始める。実際、「国家的存在の論理」は以下のような一文をもって始まる。

社会存在の構造を、種的基体と個的主体との対立契機の類に於ける実践的なる基体即主体の否定的統一として、之を国家の原型の下に論理的に思考しようと欲する私にとっては、社会存在の論理は必然に歴史の論理を含意し、おのずからそれにまで発展させられることを要求する（七・二七）。

「私の関心はもとより初めから歴史哲学の問題にあった」（同）と述べる田辺がその当初からの目論みを実現したのは、「歴史は必ずその主体たる国家から理解されなければならない」（同）というテーゼによってであった。すなわち、ここでの田辺の「国家的存在の論理」は同時に「国家的歴史哲学」（七・三五）に他ならない。「種の論理」という観点からは明らかな逸脱であった「国家的存在の論理」は、同時に田辺にとって自らの歴史哲学の構想の完成の場であったのである。

その際に重要な意味をもっているのが、国家は「存在の原型」であるという田辺の主張である。「応現」という概念の影に隠れてこれまでほとんど注目されて来なかったと言えるが、「応現」という概念以上に田辺がここで繰り返し強調するのがこの規定である。しかし、理念性や規範性とも不可分な極めて特殊な存在形態であるはずの国家を「存在の原型」を見なす田辺の「基礎的存在論」はそもそもどのような意味で可能となるのだろうか。

この問いを考えるに際して最も重要なのは、国家が実践的・動的組織性として理解されている点である。このことは、「国家を存在の原型と考える場合に最も顕著なる点は、それが基体と主体との否定的媒介として対立契機の統一なる二重性を有し、それ自身の内部に実践的媒介性を有する動的組織なることである」（七・四五）と述べられていることからも裏付けられよう。田辺によれば、種と個は共にあくまでも存在するものの構成要素であり、それぞれ独立に一方とは無関係なかたちで存在することはありえない。存在するものの具体相は、両者の契機が相互に浸透し合った媒介態である。田辺が組織性という概念で表現しようとするはこのことである。すなわち、国家とは、「種個の交互的媒介の対自態」（七・七〇）としての「組織的実践的媒介存在」（七・七四）に他ならない。こうした国家の本質規定によって、国家を「存在の原型」と理解する自らの主張が正当化されると田辺は考える。すなわち、社会は程度の差はあれ何らかの仕方で組織化されたものとして存在する、あるいは組織性という形態において自らを現わした存在が国家に他ならない。これが、「存在の原型」としての国家という田辺の主張の意味である。田辺の言葉を用いれば、「社会が社会であることが出来るのは、それが国家的媒介組織を何等かの形態に於て含むから」（同）であり、その意味で「国家的組織性なくして、単なる歴史的社会があるのではない」（七・七六）

と考えられなければならないのである。

実を言えば、この組織性としての国家という発想は田辺独自のものではない。この考えは、おそらくは田辺が高く評価するイェリネクの主張を念頭に置いたものと考えられる。例えば、イェリネクは『一般国家学』の中で、法が国家以前に存在するかという問いに否と答える文脈で次のように述べている。

…まったく組織されない社会なるものは歴史上存在したことがない以上、法は、たとえそれがきわめてゆるやかなものであれ、組織された社会集団を前提とする。それ自体の上にはいかなる団体をも有しない、組織化されたあらゆる世俗的な社会（eine jede organisierte weltliche Gemeinschaft）が、国家である。(15)

このように見るならば、田辺の主張は伝統的な国家学の中に正統な位置を占めるものとして理解することもできなくはない。ただそうはいっても、この田辺の考えにおいては国家の概念の外延があまりにも広く設定されてしまっているように思われる。

田辺もこのような危惧に配慮している。すなわち、国家が「歴史的行為の成果であると共にその課題」であるという点を考慮するならば、それが「存在即当為」という二重性を持つという点において他の社会形態とは区別される特殊性を維持しうると田辺は主張する（七・八三）。(16)しかしながら、それはあくまでも「当為」と不離の関係に立つという意味での特殊性であって、存在形態そのものの特殊性ではない。しかも、その特殊性は国家を「存在の原型」と見なす田辺の主張とは容易に調和され難いように思われる。

組織性という概念は、国家という存在（それが田辺の言うように規範性と分かち難いものであったとしても）を理解するに際してはあまりにも一般的である。しかし、ここで重要なのはむしろその〝一般性〟である。「国家的組織性なくして、単なる歴史的社会があるのではない」（七・八四）と主張すること、つまり社会の国家性を主張することは、同時に「国家的組織性」の諸々の社会における多様性すなわち国家の歴史性を含意している。すなわち、国家は実現されるべき単一の理念としてただ歴史を超越しているものではなく、種々の社会における組織性として多様な仕方で歴史的にすでに実現されているということになる。それゆえに、「社会存在の論理の歴史論理的条件を確立する」というこの論文の歴史哲学的課題の所在が、「社会存在の歴史化せられるのは国家に於てであって、社会と歴史との結合は必然に国家であり、国家と共に歴史は始まると思惟するが故に、国家の歴史的存在性を明にすること」にあると言われるのである（七・二八）。

ここで重要なことは、この国家の歴史性という主張が田辺においてまず最初に歴史主義という概念で理解されているものであるということである。この論文で唯一登場する歴史主義という言葉はこのような意味合いにおいて用いられるものである。具体的には、ケルゼンの立場の抽象性そしてヘーゲルの国家論の不十分性を批判する文脈において歴史主義という言葉は登場する。

> …国家は決して単なる文化形象に止まるものではない。種的基体の文化的主体化に依る個人の組織なのであって、存在と規範とが具体的に媒介し合う主体的実践的存在なのである。反対にケルゼンの如き純粋法学者が、国家の社会学的側面と法律学的側面とを峻別して、国家学を前者から引離し、主として後の側面から当為規範の体系として純粋に之を建設しようと欲したことは周知の通りであるが、それが現今の歴史主義的乃至政治主義的国家学によって排撃し去られたのも、同じくその立場の抽象性から考えて当然の理由を有するであろう。私はヘーゲルさえもが、国家を主として法哲学の立場のみから考えて、その民族的基体的契機の歴史的考察を国家哲学の展開に十分媒介しなかったことを慊らなく思う。もとより彼の法哲学は歴史主義を含蓄するもので

あり、而して彼の歴史哲学は多分に国家の本質に関する深き洞察を与えるものではあるけれども、彼の青年時代の独逸国家の憲法制定に対する強き実践的関心が、一層具体的なる民族的歴史的なる国家哲学に結実しなかったことを遺憾とせざるを得ない（七・三九-四〇）。

しかしながら、田辺の国家論が歴史主義という意味を有しているということは、このように国家の本質が時代的・地域的な被制約性と分かち難く結びついているという点にとどまるものではない。田辺が語る国家の構造そのものが歴史主義的な意義を担っているのである。なぜなら、田辺において、国家とはそれ自身が個体的なものを体現する一個の全体性と見なされるからである。このような個体性と全体性との結合こそまさに歴史主義の一般的特徴に他ならない。田辺によれば、「国家は芸術品や宗教的象徴と異なり、それ自ら生きた個体として、其内に無限の個体を可能的に包容し組織する主体的全体でなければならぬ」（七・三六）ものであり、それは「全体即個体、個体即全体たる類的個体」（七・七〇）と見なされるべきものとされる。また、国家は、「個人の個体に対する全体であると同時に、それ自ら他の国家に対しては個体であり、それを即自的に主体化せしめる媒介契機としての個人と相即して、全体即個体となり、基体即主体として存在するのである」（七・四〇-四一）とも言われる。「個体的全体性」を歴史主義の根本カテゴリーに据えたのはトレルチであったが、ここにおいて、田辺はトレルチの歴史主義との思想的な連関をはっきりと意識している。すなわち、田辺が繰り返し強調してきた行為の意味は、ここにおいては『歴史主義とその諸問題』において説かれる「現在的文化総合」（die gegenwärtige Kultursynthese）と重ね合わされる（七・二九-三〇）。

しかし、国家をそれ自身個体的で主体的な全体性と見なす考えは、マイネッケの『近代史における国家理性の理念』（*Die Idee des Staatsräson in der neueren Geschichte*, 一九二四）における主張と近いとも言えよう。現実が各々固有の法則によって動く個体的なものに満たされているという感覚ないし世界観こそ、西洋が体験した「思考の最大の革命」[17]とマイネッケが称賛して止まない歴史主義という思想であるが、一八世紀にドイツにおいて成立しつつあったこの思考法の革命を人間の内面性や文学・芸術にとどめず国家の領域にまで押し広げたのが他ならぬヘーゲルと見なされる。その意味でヘーゲルは「ドイツ歴史主義の最も影響力をもった開拓者の一人」と言われる。[18]ヘーゲルにおいて国家とは、「全く具体的に自らの特殊で独自な生存法則（Lebensgesetz）に従って展開され、そして展開のあらゆる障害としたがってまた一般的な道徳律とを顧慮することなく無視することが許されておりまたそうしなければならぬところの『個体的全体性』（individuelle Totalität）」[19]と理解される。そしてこのような「大いなる個体性としての国家」[20]の個体性を形成する当のものこそ、マイネッケによって「国家の行動の格率、国家の運動法則」[21]と定義される「国家理性」（Staatsräson）に他ならない。マイネッケは次のように言う。

国家理性が国家そのものに個体的な刻印を与える。一定の内的な生存法則が外界の諸部分を引き寄せたり引き離したりすることによって、そして外界から引き寄せた諸部分を一個の特異な統一に結びつけることによって、個体性が形成される。国家理性の中心の根から個体的な諸国家が形成されるのである。[22]

この論文において田辺とマイネッケとの間の直接的な思想的つながりをうかがい知ることができる箇所は存在しない。しかし、トレルチの歴史主義の問題をふまえている田辺がマイネッケの歴史主義と彼の国家論を視野に収めていることは十分に考えられることであり、トレルチ、マイネッケの「個体的全体性」の思想に連なるものとして、田辺の「全体即個体」「主体的個体」としての国家という思想を位置付けることは可能であろう。

この個体性は田辺において主体性とも言い換えられている。従来の「種の論理」の枠組みにおいてはもっぱら行為的な個人を指すものとしてのみ用いられていたこの主体という概念は、ここにおいては国家のあり方を指すものとなっている。マイネッケの「国家理性」と同様にこの主体という言葉は国家の振る舞い方の自律性を意味しているが、同時にあるいはそれ以上にこの概念は歴史的存在を自然的存在から区別するメルクマールとしても機能している。つまり、主体という言い方において国家的存在は、自然的存在ではないものとしていわば歴史主義的に導き出されているのである。国家の時代的・地域的な被制約性とその「個体的全体性」に続く第三の特質としてこの点を田辺の歴史主義的国家論に加えることができるだろう。

「歴史とは単に存在の生成変化を意味するものではない」と述べ、田辺は歴史の「自然主義的見解」を退ける（七・二八）。ここで言われる「自然主義」とは、マイネッケが歴史主義に対置した自然法的発想のことではなく、歴史の生命論的理解のことである。すなわち、「歴史は単なる生命の表現形態の交代変転としてのいわゆるメタモルフォーゼであることは出来ない」（七・三六）と主張することによって、田辺は歴史固有の存在性格を把握しようとする。田辺がここで西田の歴史理解を念頭においていることは明らかであろう。田辺がとりわけ問題視するのは、歴史が「作られたものから作るものへ」という仕方で語られる場合の、その理解の前提となっている主体と環境という生命論的アナロジーである。

社会は決して環境とは同一視されるべきものではない。なぜかといえば、「環境はそれ自身主体たるものではない」（七・四〇）からである。環境はあくまでも主体の対概念であって、両者の統一ということが強調されたとしても、「猶それは依然として主体に対する外として対立し、少なくともこれと分極することは否定せられない」（同）ものである。ところが、社会は単なる個人の外界にとどまらず一つの主体的なものとして考えることができる。諸個人にとって一義的に環境と言われるべきものは自然的環境ではなく、社会的環境である。したがって、「個人の自然的環境というものも、実は社会を通し社会的環境の媒質を通過した自然的環境」（七・三七）という意味を持つ。社会が個人に対して社会的環境を形成し、自然的環境はこの形成のあり方に媒介される仕方で個人に現われるのである。ゆえに次のように言われうると田辺は考える。

果たして然らば自然的環境をもつのは、個人よりも先に社会であるというべきではないか。社会は個人に対し社会的環境を形造るけれども、それ自身が個人に媒介された主体として個人と同様に環境をもつのである（七・三七-三八）。

歴史的世界は単なるUmweltでもなければ、諸個人の交渉関係の顕現としてのMitweltでもない。そうではなくて、「世界は基体的UmweltのMitwelt的主体化に於て始めて具体的に成立する」（七・三八-三九）と田辺は言うのである。

田辺の考えるように主体という概念を社会に適応できるかについては議論の余地があろう。しかし、生成変化する世界の中に「基体的主体」たる社会という自立的中心を認めなければ、国家の本質を自然環境や「間柄」の延長線上に位置付ける誤りに陥ることを田辺は危惧している。国家はあくまでも「基体的主体」の現実態として考えられるべきものである。[23] すなわち、「国家は社会的基体の契機に於て、個人の生滅に拘らざる存立を有するばかりではない、却て個人がそれから産出せられる生命の種的根源として、それ自身即自的には主体的なるものの対自化として、みずから主体たるのである」（七・四〇）。田辺が国家の本質と見なす組織性の核には、こうした基体の主体化という凝集作用が存している。歴史を自然から区別する主体という術語はこのようにして、国家なくして歴史はないという田辺のテーゼを支えるものとなるのである。

凡そ歴史的社会として存在するということが、…何等かの形態に於ける種的基体の個的主体化を含むのであるから、従って斯かる媒介性を意味する限り国家の性格を有するのである。国家的組織性なくして、単なる歴史的社会があるのではない（七・七六）。

三　ランケと「京都学派」

以上検討してきた「国家的存在の論理」においてはいまだ示唆的なものにとどまっていた歴史主義の立場は、続く「永遠・歴史・行為」においては田辺の哲学的立脚点を示すものとして明確に提示されることになる。ここで語りだされる田辺の歴史主義の特徴は、それが歴史主義の代表的な思想家であるはずのランケの批判を介して示されている点にある。田辺がどのようにランケの思想を批判したのかを確認する前に、田辺の議論をランケに関する当時の「京都学派」の議論の中に位置付けてみることにする。そのようにすることによって、田辺とランケとの関わりの特質がより一層明瞭に了解されよう。

当時田辺の周辺ではランケはある種の流行となっていた。例えば、ランケが『列強論』(*Die Großen Mächte*) の中で語った「道徳的エネルギー」(moralische Energie) という言葉は、「近代の超克」ないしは「世界史の哲学」を標榜した「京都学派」の歴史哲学を連想させるものとして一般に広く知られている。「京都学派」の第二世代が、この概念に日本が有するべき世界史的立場の拠り所を見出そうとしたことは、日米開戦直前に行なわれた座談会「世界史的立場と日本」（一九四一年一一月二六日、参加者：高坂正顕、西谷啓治、高山岩男、鈴木成高）における発言からはっきりと知ることができる。例えば、高山は次のように語る。「何も今日に限らず、いつでも世界史を動かしてゆくものは道義的な生命力だ。こういう力が転換期の政治的原理になりはしないかと思う。モラリッシェ・エネルギー、健康な道義感、新鮮な生命力といったものを、もっともっと日本の青年達はもって欲しいように思う」。[24] 日本が世界史において主体的な役割を果たし、また現今の国家の危機を脱するためには、個人でも血の純潔によるのでもない「文化的で政治的な、『国民』[25]が「モラリッシェ・エネルギーの中心」[26]となる必要性を高山は強調する。ここで議論を主導しているのは高山であり、この概念に対する意味づけやトーンはそれぞれの参加者で微妙に異なるけれども、高坂も西谷もこの高山の見解に賛同している。[27]『中央公論』(一九四二年一月)に掲載された直後に人々の関心を引いたのは、まさにこの「モラリッシェ・エネルギー」という概念であった。[28]

議論の共通項になっていたのはこの「道徳的エネルギー」という概念だけではない。ランケの学説そのものをふまえることは、当時政治哲学あるいは歴史哲学を展開しようとするものにとっていわば暗黙の前提となっていた。歴史家鈴木成高の『ランケと世界史学』(一九三九年)・『世界史的国家の理念』(一九四一年)は言うに及ばず、高坂正顕の『歴史的世界』(一九三七年)・『歴史哲学序説』(一九四三年)、西谷啓治の『世界観と国家観』(一九四一年)・「世界史の哲学」(一九四四年)、そして高山岩男の『世界史の哲学』(一九四三年)、これらのいずれの著作においてもランケの学説は大きな意味を持っている。ここでのキーワードが世界ないし世界史であることは一目瞭然であろう。彼らによって評価されたランケは、厳密な資料批判に基づいた実証的歴史学の祖としてのランケではなく、世界史の開拓者、世界史家としてのランケであった。ランケ史学の真骨頂は個別的なものの学たるにあるのではない。そう断った上で次のように鈴木成高は言う。「ランケにとっては歴史は常に『普遍の歴史』すなわち世界史であった。その数多き作品の悉くが全て世界史でないものがない、いかなる場合においてもランケは常に世界史家であった。その点にこそランケ史学が永遠にその価値を止めるべき理由が存するのである」。[29]

それにしてもなぜ「世界史」を語ることが、彼らの歴史哲学を語る際の共通了解となっていたのだろうか。ここにはまず、第一次世界大戦を境にしたヨーロッパの没落とアメリカそして日本の台頭が、非ヨーロッパを含んだ、その意味において真の世界を語ることを可能にしたという時代認識がある。例えば、鈴木は『ランケと世界史学』において次のように述べる。「過去においてヨーロッパは世界であった、自己完結性をもった孤立体系であった。然し現在においてはヨーロッパは最早ヨーロッパだけでは存立し得ない。…現在においてヨーロッパは最早世界ではない。吾々はいま新しい世界像を有たねばならない」。(30) この「新しい世界像」を構築するに際して日本が中心的役割を果たすべきだという考え、すなわち「世界史的日本の立場」(31)「日本の世界史に於ける主体性」(32) という思想を共通了解として行われたのが、先にも触れた座談会「世界史的立場と日本」であった。

彼らが「世界」の意義を語る場合には、このような実践的な時代意識と同時に、世界という後期西田哲学の最重要概念がその理論的バックボーンとなっている。(33) もちろんこのことは、決して西田とその弟子達の世界理解が同一ものであるということを意味するわけではない。よく引かれる「世界がレアールになった」(34) という西田の言葉（講演「日本文化の問題」（一九三七年））は鈴木や西田の弟子達の言葉と響き合うものをもっているけれども、世界史の意義を語る弟子達と西田との間には、世界における日本の主体的使命について踏み込んだ政治的発言をしたのか否か以上の溝があろう。(35) 西田と弟子達との差異さらに弟子達の中での差異は、理論的に正確に測定されるべき問題である。しかし、この点については精密な検討に委ねられなければならないとしても、西田の哲学が第二世代の世界史の立場に影響を与えているという事実は揺るがないだろう。

西田において「世界の自己限定」という発想が個人から世界を見る立場を超えるものして明確化されるのは『哲学の根本問題 続編』（一九三四年）以降のことであり、西田のテクストにおいてランケについての言及が増え始める時期と対応している。その意味で当時の「京都学派」の言説空間の中心にランケが位置付く大きな機縁を作ったのはやはり西田であったと言えるだろう。

西田が標語のように何度も何度も好んで引用するのが、各時代が神に直接しているというランケの言葉である。

『近世史の諸時代について』（*Über den Epochen der neueren Geschichte*, 一八五四）に登場するこの有名な言葉は、具体的には次のように言われている。

> 各時代は神に直接する（jede Epoche ist unmittelbar zu Gott）ものであり、それぞれの時代の価値はそこから生じるものにあるのでは全くなく、その存在そのものに、すなわちその固有の自体存在に存するのである。当のそのもの自体のなかに存するものである。そのことによって、歴史の考察、それも歴史における個体的生命（das individuelle Leben）の考察が、全く独自の魅力をもつことになるのである。[36]

この言葉に代表されるランケの思想は、西田においては、現在が現在自身を限定するという西田の時間論の基本テーゼに基づいて、一つの現在と見なされた時代の個性と創造性とを表現するものと見なされる。西田とランケとの関わりをここで詳細に論ずることはできないが、西田がランケの立場との親近性を見出す大きなきっかけとなったのは、現在自身の自己限定という考えが「個物的限定」の定式にとどまらず、世界そのものの自己限定の定式と見なされたことによる。[37]というのも、そのことによってその都度の現在の非連続的個体性が時代そのものの個体的性格として客観化されることになるからである。「弁証法的一般者としての世界」（一九三四年）においてはまさにこのような文脈でランケについて言及されるのである。西田は単なる直線的連続という発想ではそれ自身の統一を有する世界の自己限定は考えられないとした上で次のように述べる。

> 単に直線的連続と考えられるものは、主観的世界の連続たるに過ぎない。それは単に一つの個物が個物自身を限定するという個物的限定の意味しか有つことはできない。歴史は主観的に構成せられたものではない。主観

的に構成せられたものは歴史ではない。ランケが歴史の各の時代は神に直接して居り、各の時代はその存在に於いてそれ自身の価値を有つ、歴史家は事物を見なければならぬという所以である。(38)

西田のランケ評価は、このような歴史的現在の、時代としての客観性とその個性という思想を基調としているが、それはもう一つ別の側面を持っている。すなわち、国家論という脈絡におけるランケ評価である。西田において国家の問題が関心の中心に登ってくるにつれて、ランケの国家観は西田にとって範とすべき理念の意義を獲得することになる。国家の本質を体制や制度に求めようとする形式的・抽象的理解に対して、それが「生ける生命であり個物」(39)であることを強調するランケの『政治問答』(*Politisches Gespräch*)の立場に賛意を示しつつ、西田は「国家理由の問題」（一九四一年）において、それを「絶対矛盾的自己同一としての歴史的世界の個性的自己形成」(40)を意味するものと理解する。

四　田辺のランケ批判

このような当時の「京都学派」のランケ理解の中に田辺の議論を置くならば、その特異性がはっきりする。すなわち、田辺は周辺で盛んに語られていた世界あるいは世界史という問題に全く目を向けていない。(41)世界という概念を拠り所にして日本が本質的に持つべき普遍的性格も、あるいは世界の中で日本が果たしうる固有の歴史的使命も田辺の語るところではない。もちろん、このことは田辺の主張が、西田とその弟子たちの政治・歴史哲学的言説とは全く異質なものであるということをではない。国家の本質を生ける個体性に求めるランケ―西田の立場と、「国家的存在の論理」における全体的・類的個体としての国家という把握は極めて近いものであるし、そもそも「京都学派」第二世代とそして西田に民族や国家の問題への関心を呼び起こす決定的な機縁の一つとなったものは田辺の思想であった。諸個人と世界全体の「間」、すなわち種的なもの・特殊的なものに政治哲学や歴史哲学の本来の領域があることを鮮明に打ち出したものこそ「種の論理」に他ならないからである。その限りにおいては、田辺の「種の論理」も世界史の哲学者達の有力な思想的源泉なのである。西田と並んで田辺の主張が政治や歴史をめぐる言説空間のもう一つの中心であったことは否定できない。(42)

しかしながら、ランケという視角から当時の議論を捉え返すならば、田辺のスタンスが独特なものであったこともまた否定できない。田辺は西田のようにランケの主張を肯定的に引き合いに出すことを決して行わない。行われているのはむしろ、ランケの歴史観の批判的超克である。その試みが展開された「永遠・行為・歴史」の意図は、直接的には「往相」に偏した自らの思想の自己清算することにあったが、それが同時にランケとの近さを表明する西田に対する批判を含意していたことは十分に考えられる。(43) そもそも、ランケ批判が時間論として問題にされるということそのものが、田辺が西田を意識していた何よりの証左であろう。ただ、田辺だけがランケ批判を展開していたわけでない。世界史の哲学を標榜した弟子たちも、ランケを重視しつつも、その一面性を批判する(この両義性が西田との相違であろう)。しかし、例えば、「彼〔ランケ〕の『世界』はなお欧羅巴から見られた世界、欧羅巴的世界に止まり、真に世界的となった世界でなかった」(44)という西谷の批判に代表されるように、世界史の哲学者達の批判がランケの考えた世界のリアリティーを問題としたものであったのに対し、田辺の批判は世界という問題に全く触れることなく、彼の歴史観の根底に潜む時間論を批判することのみに向けられている。ランケのヨーロッパ中心主義を批判する弟子たちのトーンが、日本の歴史的使命を叫ぶという実践的姿勢と裏腹なものであったのに対して、田辺のランケ批判は、より原理的で、その限りでアクチュアリティに欠けていたものだったと言えよう。ここに田辺と弟子たちとの温度差が示されていると言えるかもしれない。

周知のように、西田が好んで引用するランケの有名な「各時代が神に直接する」という言葉は、ヘーゲルの歴史哲学に対して向けらたものである。それぞれの時代を歴史の究極目的実現の階梯として位置付ける姿勢をランケは断固として拒絶する。彼によれば、「進歩」(Fortschritt) という観念に導かれて描き出されるような「媒介された時代」(mediatisierte Generation)[45] では真の歴史の姿は決して浮かび上がることはない。しかし田辺は、このようなランケの立場をヘーゲルの歴史観の裏返しと見なす。すなわち、後者が「歴史過程の進歩の思想に於て、…絶対主義の立場から歴史の相対主義を主張したもの」であるとすれば、「ランケの史観は相対主義の立場から絶対主義を主張するもの」なのである（七・一〇六）。その上で、田辺は次のように述べる。

実際夫々の時代が何れも永遠の現成として絶対なるものであるとするならば、それは同時に並列して其間に先後の秩序を附けることがそれだけでは出来ない筈である。約言すればランケの各時代絶対の説は、歴史の時間性を破壊して、単なる型の並存という非歴史性を将来する怖があるものといわねばならぬ（同）。

神と直接する時代という捉え方では、理性的・目的論的歴史観から各時代の固有の価値を救い出すというランケの意図にもかかわらず、結果として孤立化させられた諸時代が並列してしまうことにより歴史を消し去ってしまうことになる。一般に歴史主義の思想的源泉の一つと見なされるランケの説が非歴史的立場を招来するものと批判されるのである。

もちろん、ランケの主張が、ヘーゲル流の歴史の「進歩」という発想に対して言われたものであって、それがランケの説くところの全てであるわけではない。歴史を思弁的に構成する態度を拒否するとはいえ、ランケは歴史には個々の事象の間に内的なつながり存在することを認めている。「我々が目の前にしているのは、相次いで起こり、互いに制約し合う一連の出来事である」[46] とランケは言う。その際ランケは、事象の内的連関が、すでに成立して取り消すことの出来ないものと、新しきものとの重なり合いであることを主張する。歴史には常に人間の自由が「根源的な力」（urspüngliche Kraft）[47]として働いている。しかし、新たなものをもたらす自由がその力を発揮するのは、引き継がれた消し去ることの出来ないものの中なのである。すなわち、「生成したもの（das Gewordene）が生成しつつあるもの（das Werdende）との連関を構成するのである」[48]。しかし田辺は、こうしたランケの態度が、神に直接する諸時代という思想と十分に折り合いがついていないと見る。

一方に於て各時代を神に直接するものとして絶対化する非連続的絶対史観と、他方に於て舊く既に成れるものと新しくなりつつあるものとの同時存在としての、時代のもつ連続性を重んずる発展史観とは、彼に於て十分具体的に媒介せられる原理を有したであろうか（七・一〇四）。

田辺が強調しようとするほどの齟齬が実際にランケの諸説の中に見いだせるかどうかは疑問である。ランケにおいては、田辺の言う「非連続的絶対史観」と「発展史観」とは、個別的な出来事の価値を尊重しつつ、そこに全体的なものへの通路を見出そうとする歴史家の態度において結びついていると言える。そのような歴史家の眼を通して語り出されるものこそ、ランケが世界史あるいは「普遍史」と呼んだものに他ならない。もっとも、何が「世界史的」出来事かを決定することは、何らかの先入観抜きには不可能であろうし、また普遍的歴史を語ろうとする姿勢それ自体が歴史性を刻印された事態である、と言うこともできるだろう。しかし、田辺の批判の真意はこれとは別のところにある。

田辺の批判の特徴は、神に直接する諸時代というランケの思想を、個別的なものの尊重という認識論的態度からではなく、最大限に存在論的なものとして受け取っているというところにある。すなわち、ランケにおいて諸時代は「彼の主張する所に従い夫々絶対性をもつのであるから、必然に自主独立なる個性的主体間の関係に立つ」（七・一〇八）ことになる、と田辺は言う。各々が神に連なる時代には価値の優劣はあり得ないはずであるから、そこには「傾斜」（七・一二〇）という動性は存在しない。しかしながら、ランケは歴史の内的なつながりを同時に強調する。田辺によれば、時代の発展的連関は、「自然的因果性でもなく進歩向上の有目的性でもなくして」（七・一〇七）、自主的・主体的な国家間の関係のアナロジーとして考えられた「力学的交互作用の関係」（七・一〇八）を内実とする。ところが、これは時代間の関わりを理解するにはふさわしくない。なぜなら、「各時代が絶対的なるものとして神に直接するのであるから、決して単に相互が対抗して強者が弱者を屈服せしめるに終わることは出来ない」（七・一〇九）からである。つまり、諸時代間の関係に力の優劣を持ち込むならば、時代の個性的絶対性という思想を破壊してしまうことになるのである。田辺がランケの立場の矛盾を捉えようとするのはまさにここなのである。したがって、時代の個性と時代間の推移を両立させるためには、「単に権力の力学的関係によるのでなく、その関係を超えて、常に新しき時代は舊き時代に対する秩序上の優越を有するとしなければならぬ」（同）ことになる。この「秩序上の優越」とは過去と現在とが本質上もつ関係性に他ならない。すなわち、時代が個性的でありながら、「傾斜」することで進展していく構造は時間の構造から理解されるべきものとなる。

夫々神に直接して絶対性を有する各時代は、完全に自主的であって他の時代の為に存するという手段的意味を有しないけれども、併し、歴史の成立、時の本質的構造、の上から見て、一の時代は前の時代を否定しながら肯定するという媒介関係をもつのでなければならぬ。然らざれば歴史に於ける時代というものは成立し得ないのである（七・一一〇）。

五　「歴史主義的時間存在論」の基本的発想

ランケにおける各時代の絶対性と発展の立場との不調和は根本的には永遠と時の関係性についての一面的な見方に由来していると田辺は考える。より正確に言うならば、ランケの歴史観に内包されているこの矛盾に直面することで、田辺はそれまでの両者の関わりについての自身の理解が不完全なものであったことに気づかされたのである（七・一一三）。その理解とは、「いわゆる永遠の今の瞬間に、時の超越的統一を見ようとする傾向」（同）を指す。田辺は次のように言う。

此様に時の根柢を現在の永遠に置く考方は、動もすれば現在を孤立化し非連続化する方に傾き、却て現在に於ける時の現成としての連続が如何にして成立するかを閑却する怖がある。それは約言すれば、時が永遠に摂取せられる永遠への往相を主とし、逆に永遠が時に還相する方向を閑却するということに外ならない（同）。

このことから、永遠が時間へ「還相」する構造を詳細に明らかにするのがこの「永遠・歴史・行為」の課題となる。そもそも、田辺の積極的なヘーゲル受容の決定的なきっかけをなし、弁証法の成立根拠を「行為的瞬間の現在」に求めようとする発想の核にあったのが西田のこの「永遠の今の自己限定」という思想であった。もちろん、「基体の論理」としての「種の論理」は「永遠の今」に対する批判という意味を担っている。ただ、そこでなされていたのは、西田の時間そのものの批判というよりもむしろ、西田の時間中心の存在論の一面性を指摘し、それを空間と媒介された「世界」へと開くというものであった。(49) しかし、ここでは「永遠の今」という「往相」的な時間理解それ自体を「還相」的に転倒させることが試みられている。「還相」の思想が時間論を焦点とするという特質はその後変わることはない。この論稿が田辺の時間論の転換点と見なせるのはそのためである。

我々にとって何よりも重要なのは、そうした「還相」的時間論が、歴史主義的な時間論として理解されているということである。あるいは、「還相」という仕方での永遠・超越の現象をその積極的な意味とするところに田辺の歴史主義理解の特質があるということでもある。「人間とその文化や諸価値に関するあらゆるわれわれの思考の根本的歴史化」というトレルチの規定にも見られるような、認識論的な意味合いを多分に有する歴史主義はここにおいては存在論的な意味合いにおいて受け取り直されている。すなわち、永遠なるものの歴史性という主張は、永遠の内実が時代や場所の制約を背負ったものだという認識論的な相対主義の意味においてではなくて、永遠はその超越性を否定して自ら現象することを本質とするという存在論的な意味で理解されているのである。以下は、田辺が自らの哲学的立場を歴史主義という名称を用いてはじめて積極的に打ち出した文章である。

永遠超越は同時に歴史に還相してこれに媒介せられ、飽くまで歴史の内に於てその超越を現証しなければならない。斯様に永遠超越なるあらゆる原型（それには歴史の原型をも当然含めて）を歴史化するのが、歴史主義の要求である。…歴史主義時間存在論は、永遠の原型をも歴史化し時間化しなければならない。それは勿論永遠超越を否定することを意味しない。却て之を歴史と時間との媒介に於て思惟することを要求するのである。これこそ却て具体的なる歴史主義的時間論の成立に外ならないからである（七・一二一）。

田辺はなぜここで歴史主義という概念を用い始めるようになったのであろうか。その理由には、田辺周囲の議論の影響があると考えられる。特に大きな影響を与えたと思われるのが、田辺もその名前を挙げている鈴木成高の『ランケと世界史学』（一九三九年）であろう。この書はまずランケの思想を歴史主義として理解するところから説き起こされており、歴史主義のもたらした危機を乗り越える道として世界史の立場の意義が主張されている。[50] しかし、田辺がもっとも意識していたのは、やはりトレルチの思想であろう。このことは、この論文の最後の箇所や同じ年に発表された「倫理と論理」（一九四〇年一一月）において、田辺が自らの歴史主義の立場の積極的な意味を、トレルチを引き合いに出しながら説いていることからうかがい知ることができる。

広く知られているように、トレルチの思想的課題は歴史主義の超克にあった。すなわち、破局的な時代にあって、新たな「文化統一」(Kultureinheit) のための基準や理念を、過去的な遺産をふまえつつその都度の現在において創造していく「現在的文化総合」こそ、「歴史主義の唯一可能な哲学的克服」[51] であると彼は考えた。田辺も、そして鈴木も高山も歴史主義の超克について語る。ただ田辺は、それがどこまでも歴史主義を通しての超克であるということを強調する。トレルチが超克しようとしたのは「相対主義の意味に於ける歴史主義」（七・一六九）であり、「其故歴史主義に於て歴史主義を超えるのが、彼の問題であったというべきであろう」（七・一七〇-一七一）。このように田辺は述べている。次のトレルチの『歴史主義とその諸問題』の最後の言葉にも示されているように、こうした田辺の理解は十分裏付け可能であろう。「建設の理念が意味するのは、歴史によって歴史を克服すること (Geschichte durch Geschichte überwinden) であり、新たな創造の舞台 (Plattform) をならすことである。この上に、歴史哲学の目標である現在的文化総合が基づかなければならない」[52]。

ただ、「歴史によって」の意味内容が両者では大きく異なる。トレルチの場合、その意味するところは「文化総合」がそれをなす当人が置かれた個々の文化圏の中でのみ行われるということを意味する。これに対して田辺の場合においては、この「歴史によって」は「還相」の立場を指す。すなわち、「歴史主義はそれ〔「歴史の外から歴史を超える立場」〕を抑える代りに之を徹底して、それ自身をして自己を超えしめ、却てその往相としての超越をして、還相に於て歴史を反復的に回復し復活せしめることに於てのみ、超克せられるのである」（七・二〇一）。そして、永遠さえも歴史化されるべきという徹底的な歴史主義の立場が、単なる歴史主義（田辺はこれを「歴史主義」と表記する）を超えると考えられるのは、時代の個性的価値を尊重しつつも、結果的に歴史の動性を喪失させてしまうランケ流の歴史観を批判的に乗り越えうるものが自らの徹底的な歴史主義の立場であると見なされるためである。すなわち、田辺が目指しているのは「歴史主義の徹底による歴史の回復」（同）なのである。

しかしながら、そもそも「永遠が時に還相する」というのは一体いかなる事態を意味しているのであろうか。あるいは、こうした「還相」の立場は、「永遠の今」という思想にその典型が見られるとされる「往相」的時間理解とどのような対照関係をなすと言うのだろうか。というのも、西田の「永遠の今」は常に「永遠の今」の自己限定として理解されているからである。これこそまさに永遠が時へ帰還することを意味しないのか。田辺の答えは、否である。田辺の考える「還相」というのは、〈流れゆく事実的時間からその可能性としての流れない瞬間的現在へ〉という方向性を単に裏側から見たものではない。先の引用にも示されているように、そうした永遠的な現在性が時の根拠となるという発想においては、「現在に於ける時の現成としての連続が如何にして成立するかを閑却する怖がある」（七・一二三）ことを田辺は強調する。永遠が時の根源であるというのならば、それは時が現に流れ行くという構造そのものを開示するという意味をも含んでなければならない。別の言い方をすれば、時の根源と見なされた永遠は、同時に時が流れ去る所以であるところのもの、すなわち時の不可逆性そのものを説明するものでもなければならない。西田に代表されるような、現在の超越性に時間の根を捉えようとする立場が、流れる時間という日常的な時間理解の自明性を疑問視するものならば、田辺の立場は時の根としての永遠という思想の真理性を認めた上で、それが再び時間を流れさせるあり様を解明しようとしたものだと言える。それが、永遠が時に帰ってくるという意味なのである。西田と同様に田辺の考えも現在中心主義的な時間理解であり、その現在＝永遠は最終的には「絶対無」として術語化される。しかしながら、それは時の連続性を回復させるもの、つまり時が「傾斜」し不可逆的であることの根拠でもあって、その限りにおいて田辺の時間論は西田のそれとは区別されることになる。自らの内に「時間の転化運動を包む静的場所」という「時間に対する永遠の無差別性という規定は、甚だ危険なる帰結を齎す」とした上で（七・一一八）、田辺は次のように述べている。

何となればそれは、永遠が時間の過去から未来に向う一方向性、所謂時間の非可逆性なるものを否定して、反対に未来から過去への方向をそれと全く同等に可能なるものたらしめるからである。これは明白なる時間性の否定、更に積極的にいえば時間の空間化に外ならない（同）。

六　未来の高次性と懺悔という現象

私たちは空間を移動するように時間を往来することはできない。一般的に言えば、空間は並存的であるのに対し、時間は継起的であり、私たちに開かれた時間の方向性は過去から未来へという向きだけである。西田的に言えば、我々は一瞬の過去にも帰ることはできないのである。ただ、田辺にとってこうした不可逆性という問題は時間を語る際の揺るがし難い前提ではなく、むしろ歴史主義的に時間を理解することの必然的な帰結なのである。では、何が時間にそのような特質を刻印することになるのか。田辺の考えによれば、それは直接的には過去と未来がそれぞれ有する媒介的性質の非対称性、すなわち過去に比して未来がより本質的に内包する媒介性に基づく。端的に言えば、媒介という視点から見た「未来の高次性」が時間の不可逆性をもたらすのである。

では、「未来の高次性」とはいかなるものであるのか。まずは田辺の主張に沿ってその内容を確認しておくことにしよう。田辺によれば、時間論の「標準的思想」（七・一一五）はアウグスティヌスの時間論である。そして、その特徴は「時の現象学的考察という態度」（七・一一四）に存している。『告白』第一一巻での彼の有名な時間論をここで詳論する必要ないだろう。現象学的時間論の先駆として、時間の三様態のうち現在を中心に据え、絶えざる非存在化にさらされる過去・現在・未来がそれらを包含する高次の現在においてそれぞれの存在性を回復されるという点を確認しておくことで十分であろう。田辺によれば、そうした現在、すなわち「現在の直観は過去未来に対する現在を成立せしめると同時に、此等三様態を包括する媒介意識でもなければならぬ」（七・一一五）のであり、こうした思想は、後の時代の「時間論の礎石」（同）という意義をもつのである。

存在するのはその都度の現在の意識だけであって、過去も未来もそれ自体としては決して実在しない。これが時間の現象学的理解の出発点である。しかし、過去がすでに無いということと未来が未だ無いということはそもそも同列に扱うことのできる事態であるのか。さらに、このように両者の非存在性が等価でありえないとすれば、それぞれの実在性が現在という時間の中心的意識において取り戻される仕方にも構造的な差異があるのではないか。田辺がアウグスティヌスの絶対的功績を認めつつも、彼の説く現在の立場は「無方向的一般として過去と未来とを並列的に無差別化する空間性」（七・一二二）にすぎないと批判する背後には、このような問題意識が働いている。すなわち、過去の現在における記憶として存在し、未来は現在における予期として存在するといったところで、両者は「全く同格的に並列せられるだけで、特に過去をして過去たらしめ未来をして未来たらしめる相対の内面的関係が問題にせられない」（七・一二〇）のである。これでは、現在が「両者の相互関係によって方向付けられ一方に傾斜せしめられる、という如き動性を示さない」（同）。これが、アウグスティヌスに対する、そしてその背後に透かし見られている西田に対する田辺の見立てである。

田辺によれば、過去の無とは記憶における潜在性として理解されるべきもので、無といっても直接存在という性格を免れるものではないとされる。すなわち、「過去は既にあったもので現在あるのではないけれども、而も記憶に於て持続し現在を制約する勢力として有るのであって、未来が未だあらざるものとして無いのとは異なる」（七・一三六）のである。ただ、過去それ自身も未来に媒介され、その限りにおいてはその直接性を否定されるものではあると田辺は述べる。しかし、強調されるのは、過去の潜在的な直接性である。過去は未来に否定との関係で存在しつつも、「過去の持続は此否定を含蓄暗示するに止まり、之を顕現するものではない」（七・一二七）のである。その意味で過去とは「潜勢的媒介」（七・一三八）であると言われる。したがって、過去の無がその存在性格を取り戻すのは、記憶の潜在性がそれとして暴露されるという仕方で捉えられていると見なすことができる。例えば、田辺はハイデガーの被投性に触れつつ次のように言う。「その投げられてあるとか、既存的内容を負わされて居ると言うことさえ、未来に対する自由投企を媒介にして始めて反省せられるのであるから、それ自身では斯かる反省媒介を未だ無い所の直接態に於てあるのである」（七・一二七）。

これに対し、未来は徹頭徹尾、無という本質を保持するものと考えられている。すなわち、未来は単に「未だあらざるもの」として無であるだけではない。未来の実在性が現在において取り戻される場合においても未来はそうした性質を刻印され続けられると田辺は考える。なぜなら、未来は過去的なものの否定という媒介的な動態においてしかその存在性を主張し得ないものだからである。「飽くまで無媒介的直接的なる過去とは異なり未来はその本性上媒介的である。それはその内に否定すべき過去を契機として含み、これとの対抗関係に於て否定としての自己を意識するのである。それが有って無いともいわれる所以である。未来に於ては無が顕わになって居る」（七・一三七）。田辺によれば、未来的無は、過去の潜在的無とも、そして垂直的現在の方向に存する絶対無とも異なったものとして位置づけられている。もちろん、田辺の考える絶対無は否定的媒介性を本質とするものであり、その限りでは未来的無と共通の本質をもつ。「現在がその絶対無性に於て意識せられようとすれば、却て未来の構造に於てしなければならぬ」（七・一四〇）とされるように、むしろ未来の否定性は現在の絶対無への通路という意義を持つものである。しかしそうであるにしても、やはり両者が区別されるのは、永遠としての後者が体現するある種の肯定性を前者は発揮することがないからである。すなわち、過去の否定としての未来は決して安定性に達することなく絶えざる不安定性に晒されている。未来は、「我々が過去的有の立場から決して完全には予定し尽くすことの出来ぬ不可測なるものであり、我々に対して未知なるものとして不安を惹起する」（七・一二八）のである。その意味で、「不安と希望との交錯する実践的予料に未来は成立する」（七・一二五）と田辺は述べる。

以上見てきたような、過去と未来の非存在性が現在においてその実在性を回復される仕方の違いが、媒介性という観点から言えば、過去に対する未来の高次性が、過去と未来との構造的な非対称性を結果し、時間の一方向性・不可逆性という性格をもたらすことになるのである。田辺は「未来の過去に対する高次性」を説明した上で次のように述べる。

> 過去から未来へは流れるけれども、逆に未来から過去へ流れることはない、という時の非可逆性一方向性、の由って来る所はここ〔未来の過去に対する高次性〕にある。何となれば未来の高次性は媒介を意味するから、低次なる過去を自己の媒介とはするけれども、低次なる過去は高次なる未来を自己の媒介とすることは直接には出来ぬからである（七・一二七-一二八）。

このような未来の高次性という発想、およびそれを根拠とした時間の不可逆性という議論は、私たちが常識的に抱く時間表象に接近するように思われるかもしれない。すなわち、過去は揺るがしがたい堅牢な確定性をもって現に存在し、それに対し未来は不確定的な無として無数の可能性に開かれている。この両者の落差が時間の一方向性の原因である。我々は通常このように考える。しかしながら、田辺の主張はこうした立場と混同されてはならない。

なぜなら、田辺の考える過去と未来との非対称性は、時の超越者たる永遠的現在を時間成立の根幹に据える思想と一体のものだからである。未来優位という思想だけではなお曖昧であったハイデガーとの差異はこの点を考慮に入れることによって、決定的に際立つものとなる。

それでは現在の立場から時間を理解することがどのようにして過去と未来との非対称性をもたらすことになるのか、そしてそれがなぜ永遠という次元とリンクし、その現象として捉えられることになるのか、このことを明らかにしてくことにしよう。

過去と未来との構造的なズレと永遠性とを繋いでいるもの、それは行為の立場である。田辺によれば、「時の成立の中心は現在の行為的転換媒介にある」（七・一二六）のであり、その意味で「永遠の絶対無が現在に於て行為に現成する」（七・一三五）のである。行為において「永遠の絶対無」が現われるという考えはさておき、現在を行為的現在と考えることで過去も未来も成立するという主張は難なく理解することができるだろう。なぜなら、現在の行為がなければ記憶も予期もありえないからである。

ベルクソンの哲学を念頭に置きながら、「過去はそれ自らを保存するという純粋記憶の持続性は、時の成立にとって必要なる契機である」（七・一二四）ということを田辺はまず認める。しかし、と田辺は言う。「斯かる持続のみしかないならば、それは却て記憶として意識せられ持続として直観せられることも不可能ではないか」（同）。したがって、過去が過去として成立するためには、過去の中にあってそれとは区別される何ものかがなければならないことになる。田辺によれば、それは「現在の自覚」であり、その内実は「行為の可能」である（同）。我々が行為するところが現在であり、我々が行為するがゆえに、それまで意識に上ってくることはなかった持続が記憶として意識される。それが過去に他ならない。

しかしながら同時に、行為は現になされているものでありながら、現に存在しないものを存在させようという志向を常に内包している。常に無いものを視野に収め、そうした志向に浸透されて現にある行為がなされていく。そこに浮かび上がってくるものが未来に他ならない。田辺の説明に依拠すれば、「元来現在に於ける行為というものは、現在に持続する過去に伴って、之を否定する未来の方向が其半面にはたらき、而もそれは現在の行為を通じてそれが実現せられることを求める対立争闘が現在の底にあることによって、促されるのである」（七・一二五）。「不安と希望の交錯する実践的予料に未来は成立する」（同）と言われるが、「予料」つまり予想とか先取りといったものは、常に現になされている行為と地続きである。なぜなら、そもそも「予期とは行為的なる心構を謂う」（同）からである。したがって、未来というのは単なる期待ではなく、本質的に「現在に於ける行為的予測予料に属するのである」（同）と見なされることになる。

このように、過去が成立するためには、行為的な現在が必要であり、かつまたその行為が常に未来性を内包しているならば、未来こそが過去を過去として浮かび上がらせる当のものということになる。「過去は持続として記憶により意識せられる限り、既にそれを否定する未来の契機を伴う」のであって、「未来の契機を含まずしては過去として成立つことが出来ない」のである（七・一三六）。無いものを有るものとして引き寄せようとする行為が、現にあるものをあったものとして後ろへと送り出すのである。行為は前もって送られてきたものを前提とすることなくしてなされることはないが、そうしたものが行為の媒介となる際には、常に行為による変容を被るのである。有り体に言えば、記憶はその都度の行為によって、程度の大小はあれ常に更新され作り替えられていくという事態を指していると言えよう。

ここで重要なのは、こうした未来から過去へという時の背後への送り出し、田辺の言葉を用いれば、「時の逆流」[53]という事態を田辺は永遠の時へ「還相」として理解しているということである。そのように考えられる理由を、田辺は懺悔という現象を例に挙げながら次のように説明している。

懺悔は永遠の信仰による時の絶対否定に相当するものであるが、それは過去を却て未来の行為により転換する限り、過去を未来から規定する時の逆流を意味し、従って其限りに於ては永遠からの時の可逆化空間化を意味するといわれる。併しそれは決して単に時を否定し、過去と未来とを無差別化するものではない。却て懺悔は未来に於ける行為によって証せられるべき、現在の信仰による転換に外ならないから、それは直接過去に還るという時の否定を意味するものでなく、過去への還帰を通って未来の高次性を立する媒介的時間性以外の何ものでもない（七・一一九）。

何といっても目を引くのは、田辺が一九四〇年の段階ですでに懺悔という現象に注目していることであろう。この論文に現れている宗教哲学的言説を『懺悔道としての哲学』との連続性で捉えることは十分可能であろうが、そのことはここでの問題ではない。論ずべきは、懺悔という問題が田辺の時間論の枠組みの中でどのように機能しているのかということである。

田辺において「未来に於ける行為によって証せられるべき、現在の信仰による転換」とされる懺悔においては時間の二つの方向性が交差している。まず、いまだなされざる未来の行いによって過去の所業の意味合いを転換するものとして、懺悔においては未来から過去へという方向の「時の逆流」が出現する。しかし、そうした「逆流」を現在において受け止めるのも懺悔である。すなわち、そこにおいては「過去への還帰を通って未来の高次性」が同時に成立するのである。上の引用の直後の言葉を用いるならば、「時の逆流」は時間の一方向性を否定するように見えつつも、「却て依然として時の過去から未来に向う方向性を維持しながら、ただその媒介としてそれの否定、それの空間化を契機に含み、以て循環的に時の具体的媒介性高次性を達成するのである」（七・一一九）。懺悔を、取り戻すことが不可能な現実に対する現在の意識のあり方と理解するならば、未来の行為における過去の意味変更が同時に過去の取り戻し難さを現在の意識に突きつけるのである。もちろん、このことは逆の立場からも言うことができる。つまり、何らかの行いが「そうしなければよかったのに」と悔やまれることがそもそも可能であるのは、別様の可能性の現実化が何らかの仕方で未来において望まれているからである。そのようなことが意識されていない行為はそもそも懺悔の対象となることはないとも言える。その意味では、新たな自己を掴み取ろうとする志向があってはじめてそのようになし得なかった自己が懺悔の対象となるのである。

以上のように理解するならば、懺悔に見られる現在意識の行為的転換において、未来から過去へ「時の逆流」は同時に過去から未来へという方向性と激突するものとして渦流を形成する様が浮かび上がることになるだろう。ここにおいて現在は、未来から過去へという向きと過去から未来へという向きとが、互いに先後の順序なく同時的に交わり合ういわば特異点となり、それを中心として周りに渦が出現するのである。時間を旋回する渦としてイメージする田辺独特の発想はこのようにして登場することになる。(54)「永遠・歴史・行為」の前年に行われた講演「歴史的現実」（一九三九年）では平易な言葉で次のように語られている。

過去の必然性と未来の可能性の結びつくのが永遠の現在である。歴史は直線的に滝が落ち水が流れているようなものと考える事は出来ない。歴史は過去から押す力と未来から決定する力との、相反対する二つの力が結び合い、交互相媒介する円環に成立する（八・一二五）。

過去からの流れと未来からの流れとが渦巻くところ、そこが行為的な現在であり、〈現在の現在〉として永遠＝絶対無が還相する地点である。すなわち、「転換的なる絶対無の交互に否定的なる契機として統一せられる循環的動的円環が、生即滅、滅即生の渦動に於て成立する」（七・一三六）のである。田辺の意図を汲んでなお比喩的に語ることが許されるならば、現在とは、未来からの働きに基づき自らが絶えず過去として堆積することを動因として前進しつつも、その方向性は常に予見不可能な不確定性であるような渦の中心と言い表すことができるだろう。

このような対抗する力が結び合う地点がなぜ永遠としての現在として考えられるかと言えば、そこにおいては過去が未来に関係しつつ、未来が過去に関係するという時間様態間の同時性ないしは空間性が成立するからである。すなわち、ここにおいて時間の流れを断ち切りそれを否定するもの、すなわち、その限りにおいて時を超えたものが出現しているのである。その意味で、現在は「永遠に於ける過去と未来との交互転換」（七・一三一）の場面である。このような永遠性が同時に時の不可逆性の根源として絶えず時に「還相」するあり様は、これまで述べてきたことからも明らかであろう。すなわち、過去を取り戻せない現実として意識しているところ、まさにそここそが現在なのである。田辺の言葉を用いれば、「空間の否定契機を媒介として永遠に往相することにより、同時に永遠の現成として時に還相する行為的転換」に「現在の現在としての成立」があるのである（七・一三九）。

以上、田辺の主張する「歴史主義的時間存在論」の発想の意味とその骨格とを、基本的に田辺の主張に寄り添いながら論じてきた。ここで明らかにされた時間の歴史主義的理解、すなわち絶対無＝永遠の行為的現在への「還相」という思想と、それが結果する過去と未来との構造的な不均衡性という発想は、その後の田辺の時間論の基本的モチーフとなっている。[55] もちろん、このことはここでの立場が田辺の時間理解の完成形であるということを意味するわけではない。「永遠・歴史・行為」は田辺の時間論の最も充実した論稿であるが、ここにはまだ「死復活」や切断の概念も登場していないし、後に語られる「実存協同」との結びつきも存在しない。田辺の時間の哲学がその後どのように展開・豊富化していくかは別途検討されなければならない課題であろう。[56]

ただ、この論文が抱えていると考えられる内在的な限界について最後に付言しておく必要があろう。それは一言で言えば、時間の非対称性およびそれに基づく時間の不可逆性の構造的次元と現象的次元の区別が曖昧であるという問題、あるいは前者が後者に横滑りしているという問題である。すでに見たように、過去と未来との非対称性は両者の無の意味の違いであった。すなわち、過去の無が記憶の潜在性を意味する限り、直接存在の性格を脱しえないのに対して、未来の無は不確定なものとして媒介性という性質を体現するというのが田辺の発想であった。問題は、この過去と未来との構造的な差異が、行為的自己の現在の意識においてどのように現われるのかということであろう。ただ、田辺においてはこの構造的な差異が直ちに時間の不可逆性の根拠であるかのような議論になってしまっている。具体的に言えば、行為の制約を受けない記憶の潜在的な直接性そのものが時間の一方向性の理由であるかのように受け取られてしまう主張になっているのである。アウグスティヌスの「現象学的時間論」を時間論の「礎石」とし、行為の立場を根幹とする以上、こうした構造面がどのようにして現象面にもたらされるかについての議論がなお必要であったように思われる。

ただ、田辺が懺悔という現象に注目したのは、この問題に対する彼の自覚を物語るものであると言えなくもない。すでに見たように、未来から過去の意味を変容する懺悔が時間の一方向性を否定するものではなく、「過去への還帰を通って未来の高次性を立する媒介的時間性」（七・一一九）を意味すると述べられている。なぜ、懺悔においては過去から未来へという方向性が維持されるのかについては田辺は具体的に語っていないが、その意味をごく自然に受け取るならば、右で見たように、その方向性は過去の取り戻し難さという時間意識を具体的な現象面としてもつと解釈することは十分可能であろう。その限りにおいて、懺悔が時間の非対称性の構造性と現象性とをつなぐものなっているということができるだろう。つまり、過去の直接性と未来の媒介性という時間の非対称性は、行為する自己においては過去の取り戻し難さという時間の不可逆性として現象するのである。

そのような理解が妥当であるにしても、なお問題が残る。それはなぜ懺悔が歴史主義的な時間論の特権的な例として選ばれるのかということである。田辺自身はこの概念を救済や希望、さらにはキルケゴールの反復との連関で論じており、信仰意識の時間構造を明らかにしようとしているが、それは時間構造そのものの解明とは等置されるべきものではないだろう。行為をその成果との関係ではなく、むしろなしえなかったものとの関係で考えることで、あらゆる行為は懺悔を含む、懺悔という言葉が強すぎるならば、後悔を含むという主張の正当性が十二分に提示されるならば、この問題は解決するだろう。ただし、この論文に限ったことではないが、田辺の事例分析の貧弱さのため、そうした方向性は当該の論文の解釈という本稿の課題をはみ出すものとなる。この問題が『懺悔道としての哲学』においてどのように持ち越されているかは次に検討すべき点となるが、それは別稿に委ねることにしたい。

注

(1) 田辺元の著作からの引用は、『田邊元全集』(筑摩書房、一九六三-六四年)を用い、引用箇所を(巻・頁)と表記して示す。なお、引用箇所の旧仮名遣いおよび旧漢字は現行表記に改めた。また、引用文中の傍点及び亀甲括弧による補足は、全て引用者によるものである。

(2) 田辺の表現を用いれば、国家とは「特殊即普遍なる類化せられた種」(六・一四九)であるが、現に存在する国家がそのまま類の実現形態と見なされるわけではない。類的な種としての国家は「民族国家」とは区別された「人類的国家」であって、それは国家の理念を構成すべきものとされる。その意味で、「…類的立場から認められる国家の絶対性は、国家の構造理念に属するものであって、現実の国家が凡てこの理念を十分に実現すると言い難きものなることはいうまでもない」と言われる(六・一五二)。要するに、田辺にとって国家とは、類から見ればその現実態であり、現存の国家からみればその理念となるべきものである。こうした国家の中間的性格は、「正に類の現実態として国家の理念に相応する」(六・一四六)ものが「人類的国家」であるとされているところにも端的に示されている。

(3) ただし、この発言は直接に「国家的存在の論理」を指して言われたものではなく、戦前の「種の論理」の思想傾向全般をふまえて述べられたものである。したがって、国家の絶対化は「種の論理」第一論文の「社会存在の論理」から存していた傾向として反省されていると見ることも不可能ではない。

(4)　氷見潔『田辺哲学研究』、北樹出版、一九九〇年、一〇六頁。

(5)　「種の論理」の挫折という問題を考察の対象とした近年の論稿としては、長谷正當「田辺哲学と親鸞の思想―『種の論理』の挫折とそれの新しい立場からの展開」(『日本の哲学』第一二号、昭和堂、二〇一一年)、田口茂「田辺元―媒介の哲学 第二章 国家論の射程と『種の論理』の展開―」(『思想』第一〇八九号、岩波書店、二〇一五年)、同「田辺元―媒介の哲学 第三章 国家論の挫折と理性の運命―」(『思想』第一一〇二号、岩波書店、二〇一六年)がある。

(6)　翌年の同じ時期に「実存概念の発展」(一九四一年一〇月、一二月)が発表されているが、これは未完に終わっている。

(7)　例えば田辺は、個を「往相と還相との交叉点」(六・四九一)とした上で、「還相」面の意義を次のように強調している。「個は、…類の絶対否定的統一の成立する転換点であったが、今や同時に類の統一がその否定的媒介たる種の対立性に自己を媒介し、これと接触する点でもあると考えられなければならぬ」(同)。

(8)　西洋における歴史主義の伝統と田辺の歴史主義との関係、および田辺哲学を歴史主義として捉えることの妥当性・意義については、竹花洋佑「歴史主義としての田辺哲学」(廖欽彬・伊東貴之・河合一樹編『東アジアにおける哲学の生成と発展―間文化の視点から』(仮)、法政大学出版局、二〇二二年［予定］)参照。

(9)　戸坂潤『「種の論理」―田辺元博士の所説に就いて』(『唯物論研究』、一九三六年七月)、『戸坂潤全集 第三巻』(勁草書房、一九六六年)、三〇〇頁。

(10)　ただし、「人類的国家」(国家の理念性)と「民族国家」(現実的国家)との区別そのものが廃棄されてしまっているわけではない(この点については、藤田正勝「田辺元の思索―『絶対無』の概念を中心に―」、『思想』一〇五三号、岩波書店、二〇一二年、一七七頁、参照)。「国家の道義性」においても、類的なものが国家の絶対性を裏打ちする理念であることが次のように主張されている。「人類世界が若し現実に完結的に存在するならば、国家の絶対性は否定せられ、即ち国家は国家として消滅する。反対に人類世界の理念が原理として、その絶対普遍性により諸国家共存の秩序に於て国家を具体的に国家たらしめるのである。此普遍の秩序が既述の如く国家の道義に外ならない」(八・二一一)。国家の理念性・規範性とその現実性・事実性とが「相即」しながら同時に区別されるという立場が矛盾とは見なされないのは、田辺が両者の重なり合う場面を実践において、そして後に論じるように、さらにそれを永遠と時という時間論の枠組みで考えているためである。

(11) この点についてはすでに田口茂によって綿密な分析がなされている（田口、前掲論文、二〇一六年）。しかも、田口は、「応現」という発想が「還相」概念の単なる延長線上に位置するものではなく、それからの「変質」と捉えている。すなわち、「ここでは、『還相』が一種の媒介運動としてのみではなく、一つの『有』ないし『存在』としての性格を色濃くもつようになってきている」（同、九四頁）。田口によれば、「応現」という新たな概念が必要とされた背景には、修正後の「種の論理」の「ある種の存在論的志向」（同）があるとされる。これに対比させて述べるならば、次章で明らかにするように「応現」概念導入の背景には「種の論理」の歴史哲学化があると考えるのが本稿の立場である。

(12) 「種の論理の意味を明にす」では表現に対して象徴の意味を強調していたが、以下の引用に見られるように、ここで田辺ははっきりと象徴よりも「応現」をより高次の概念として扱っている。「表現が内外統一、客観即主観、の直接的即自態として交互性の上に成立する連続的動態なるに対し、象徴は却て両契機を分離する否定態として客観をそれ自身に於て交互にいわゆる喚起évocation暗示suggestion的に呼応共感せしめ（Beaudelaireの“Correspondances”やRimbaudの“Les Voyelles”を想え）、主観を客観から解放することに依ってそれを自由にはたらかせ、表現に於て物の内化に没して単に即自的連続的に拡大するに止まる所の自己を、自覚存在として対自化する。応現は斯く対自化せられた人格的自己を以て、表現に於ける物と人との直接的統一を人と人との組織に還相せしめる。これが表現の即自態と象徴の対自態とを総合して、即自且対自なる実践的媒介存在たる所以である」（七・六〇）。

(13) 例えば「種の論理の意味を明にす」においては、種の役割については次のように強調されている。「種は啻に社会存在の論理の基体として実践的要求を満たすに止まらず、弁証法の徹底としての絶対媒介の論理に於ける、自己疎外の否定原理として中心的意味を有するものとなる。絶対弁証法は種の論理に外ならない」（六・四七七）。種という自己疎外的な否定原理こそ、この論文で「絶対無は却て有を自己の媒介とするもの」（六・四七三）と言われる場合の有に相当するものである。

(14) この点を指摘したものとしては、細谷昌志『田辺哲学と京都学派』（昭和堂、二〇〇八年）、長谷前掲論文、田口前掲論文（二〇一六年）が挙げられる。しかし、三者の観点は同一のものではなく、それぞれが傾聴すべき指摘を行っている。田辺哲学は本来「種の論理」と「個の論理」という二つの中心をもつものと捉えた上で、「国家的存在の論理」には後者の成立する余地がなくなってしまっていると見るのが細谷の立場である（細谷、前掲書、一〇〇-一〇三頁）。初期の「社会存在の論理」においては「個の論理」が機能していることを示唆する細谷に対して、長谷はそもそも「種の論理」の当初の構想が個の働きを見誤っていたことをベルクソンの『二源泉』との関係で論じている（長谷、前掲論文、八一-八二頁）。これに対して「社会存在の論理」における「個の論理」の意義を重視し、悪の観点を希薄化させた「種の論理」の修正後の立場に問題性を見るのが田口である（田口、前掲論文、八五-九一頁）。この点に関して、本稿の立場は田口の見方に最も近い。

(15) イェリネク『一般国家学』、芦部信喜他訳、学陽書房、一九七四年、二九五頁（Georg Jellinek, *Allgemeine Staatslehre* [1900], Dritte Auflage, Verlag von O. Häring Berlin, 1914, S.365）。

(16) 田辺が組織性という概念においてイェリネクを念頭においていることは、こうした「当為即存在」という国家の二重性が、彼のいわゆる「国家二側面説」に託して語られていることから裏付けられよう。「この後の立場は主として法的主体として国家を観るのであるから、国家の社会学的考察と法学的考察とが歴史哲学的に交互媒介せられて、始めて国家の全面的理解が与えられ得る所以も、容易に観取せられるであろう」（七・八四）。ここで言われる「国家の社会学的考察」が国家の存在性すなわち組織性に該当する。

(17) Friedrich Meinecke, *Die Idee des Staatsräson in der neueren Geschichte, Friedrich Meinecke Werke hrsg. von Walther Hofer, Bd.1*, 4 Aufl., R. Oldenbourg Verlag GmbH, München 1976, S. 425（マイネッケ『近代史における国家理性の理念』菊盛英夫・生松敬三訳、みすず書房、一九六〇年、四九二頁）。

(18) *Ibid.*, S. 427（同書、四九三頁）。

(19) *Ibid.*, S. 423（同書、四八九頁）。

(20) *Ibid.*, S. 461（同書、五三四頁）。

(21) *Ibid.*, S. 1（同書、一頁）。

(22) *Ibid.*, S. 22（同書、二四頁）。

(23) 元来田辺の思想において主体という概念は個体を指すものであったが、ここでは国家の本質を示すものとして用いられている。これは国家の個体的生命としてのあり方を主張したランケ―マイネッケの影響によるものと考えられるが、同時に当時の田辺周辺の論調との関わりも見逃せない。例えば、高坂正顕は「歴史的主体」という概念をもって国家を捉えようとしている（高坂正顕『歴史的世界』、一九三七年)。しかし、その高坂にしても国家を徹頭徹尾倫理的な主体と考えていたわけではない。高坂においては、「国家にも倫理的なる性格が認められる限り、国家の底にも闇の原理を認め得べきである」(高坂正顕『歴史的世界』、燈影舎、二〇〇二年、二一八頁)と言われる。ちなみに、長谷正當はここにロゴスとパトスの統一という三木清の『歴史哲学』(一九三二年)のモチーフとの連続性を見ている(長谷正當「解説」、同書、三一五頁)。

(24) 高坂正顕・西谷啓治・高山岩男・鈴木成高『世界史的立場と日本』、中央公論社、一九四三年、一〇一頁。

(25) 同書、一〇七頁。

(26) 同。

(27) 例えば、西谷は次ように発言している。「どうもモラリッシュと言うとエネルギーの面が消えるし、エネルギーと言うとモラリッシュの面が消える。モラリッシェ・エネルギーというのは非常にいい言葉だ」(同書、一〇五頁)。

(28) 「この座談会の記事は意外にも世上多少の注意を惹き、賛否両様の批評を恵まれた。特に道義的生命力と、その大東亜共栄圏に於ける実現の方策について質疑を与えらえる機会が多かった」(『世界史的立場と日本』「序」、二頁)。

(29) 鈴木成高『ランケと世界史学』、弘文堂書房、一九三九年、二七-二八頁。

(30) 同書、一三五頁。

(31) 高坂正顕・西谷啓治・高山岩男・鈴木成高『世界史的立場と日本』、五頁。

(32) 同書、六頁。

(33) この点については、「京都哲学撰書」(燈影舎)の第一一巻として出版された『世界史の理論』(一九四四年に刊行された「世界史講座」第一巻『世界史の理論』の前半部を中心として再編集されたもの)の「解説」において森哲郎が指摘している(西田幾多郎・西谷啓治他『世界史の理論』、燈影舎、二〇〇〇年、三九九-四〇六頁)。

(34) 『西田幾多郎全集』第十三巻、岩波書店、二〇〇五年、十二頁(旧版『全集』第十四巻、三九六頁)。

(35) この問題については、森哲郎の次のような指摘がある。「この頃の西田は自分の立場を『歴史的人間の客観主義』とか『客観的人間主義』(九・六四)と」呼び、歴史の《主体化=基体化》に対して深い危惧を抱いている。ところが、以下に見るように、西田門下は『主体性』重視の新たな試みに踏み込んでゆく。この差異は大きく深い問題となろう」(同書、四〇六頁)。

(36) Leopold von Ranke, *Über die Epochen der neueren Geschichte*, Verlag von Duncker & Humblot Leibzig, 1906, S.17.（ランケ『世界史概観―近世史の諸時代―』鈴木成高・相原信作訳、岩波文庫、一九四一年、三七頁）。

(37) この点に関して、「弁証法的一般者としての世界」（一九三四年）においては、次のように言われている。「各人が各人の時を有つと考えられる我々の個人的自己というものも、弁証法的に自己自身を限定する世界の自己拡散の方向に考えられるものでなければならない。故に我々の行為は歴史の中から生れ、歴史の中に失せ行くと考えられるのである」（『西田幾多郎全集』第六巻、岩波書店、二〇〇三年、二五〇頁／旧版『全集』第七巻、三一九-三二〇頁）。

(38) 『西田幾多郎全集』第六巻、岩波書店、二〇〇三年、二五四頁（旧版『全集』第七巻、三二五頁）。

(39) ランケ『政治問答』相原信作訳、岩波文庫、一九四一年、二五頁。

(40) 『西田幾多郎全集』第九巻、岩波書店、二〇〇四年、三三六頁（旧版『全集』第一〇巻、三一〇頁）。

(41) 田辺がかつて盛んに語っていた「世界」という概念は、時間と空間の統一体という物理学の発想に由来するものであって、歴史哲学ないしは政治哲学の文脈では積極的に用いられることはまずない。

(42) 前章で取り上げた西田や務台の他にも、田辺を意識した議論は三木清や高坂正顕にも見出される。三木の『哲学的人間学』（一九三三-一九三六頃、未完）の第五章「人間存在の社会性」や、高坂の『歴史的世界』（一九三七年）の第三章「歴史的基体」には「種の論理」から影響がはっきりと認められる。

(43) 次のように、時間の「往相」的な理解が批判される場合に田辺は西田を意識していたと言える。「原歴史のメタモルフォーゼとして歴史を解しようとする立場が、此様な無媒介的直観主義の為に歴史の歴史性を希薄ならしめ、歴史を文化類型学に近づかしめることは蔽うことが出来ないと思う。その永遠の今の自己限定がアウグスティヌスの現在の如く、諸時代を無差別的に並列せしめ、歴史の循環的遡源的発展の媒介的時間流動を場所化空間化する傾向を有することは否定し得ない」（七・一二二-一二三）。

(44) 西谷啓治「世界史の哲学」（一九四四年）、西田幾多郎・西谷啓治他『世界史の理論』、燈影舎、二〇〇〇年、四七頁。

(45) Ranke, *Über die Epochen der neueren Geschichte*, S.17.（ランケ『世界史概観』鈴木・相原訳、三七頁）。

(46) *Ibid.*, S.6.（同書、一六頁）。

(47) *Ibid.*（同）。

(48) *Ibid.*（同書、一七頁）。

(49)「永遠・行為・歴史」以前の田辺の時間論については、竹花洋佑「時間と無—前期田辺哲学の『絶対無』理解の変遷と西田の『永遠の今』—」（『西田哲学会年報』第十七号、二〇二〇年）参照。

(50) 鈴木成高『ランケと世界史学』、三二頁。また、高山岩男も「歴史主義の問題と世界史」（一九四二年二、三月、後に『世界史の哲学』〔一九四二年七月〕に収録）において、次のように述べている。「今日の歴史主義の問題とその解決は、今日の世界史の事態を離れてはない。単に時間の次元に於ける歴史主義ではなく、世界の次元に於ける歴史主義が、今日の哲学的問題を新たに考察の対象となし、またそれに新たな解決の立場を開く唯一の哲学的立場である」（高山岩男『世界史の哲学』、こぶし書房、二〇〇一年、四一〇-四一一頁）。

(51) Ernst Troeltsch, *Der Historismus und seine Probleme Erstes (Eiziges) Buch: Das Logische Problem der Geschichtsphilosophie, Gesammelte Schriften Bd.3*, Scientia Verlag Aalen, Tübingen, 1977, S. 113.（エルンスト・トレルチ『歴史主義とその諸問題（上）』近藤勝彦訳、『トレルチ著作集』第四巻、ヨルダン社、一九八〇年、一七四頁）。

(52) *Ibid., S. 772*（トレルチ『歴史主義とその諸問題（下）』近藤勝彦訳、『トレルチ著作集』第六巻、ヨルダン社、一九八八年、四四五頁）。

(53) この「時の逆流」という発想に注目して田辺の時間論を論じたものとして、田口茂「時の逆流について—田辺哲学における時間の媒介構造—」（『日本の哲学』第一六号、昭和堂、二〇一五年）がある。従来全く議論の対象にされてこなかったこの「永遠・歴史・行為」の時間論に光を当てたのがこの論文である。また田口は田辺の難解な時間論を平易な仕方でも論じている（田口茂「〈交差〉としての時間—異質なものたちの出合い」田山忠行編著『時を編む人間—人文科学の時間論』、北海道大学出版会、二〇一五年）。

(54) 渦というのは田辺の時間論を、さらには田辺哲学そのものを最も適切にイメージ化してくれるものであろう。この点指摘したものとしては、合田正人・杉村靖彦「対談 田辺元の思想」（『思想』一〇五三号、岩波書店、二〇一二年）や合田正人「近迫と渦流—田辺元・ハイデッガー対決が今私たちに突きつけているもの—」（同）などが挙げられる。

(55) 例えば、『懺悔道としての哲学』においては、「時は飽くまで水平ではなく傾斜をもつ」ものとして、「過去に向って限定せられて未来に向って限定を突破する」（九・七四-七五）と語られ、最晩年の「生の存在学か死の弁証法か」では、「時間は、過去の方向に於て永遠の無始不生を分有しながら、未来に向っては無終不滅ということなく、終末の可能とその到来の不確定性とを保持するのである」（一三・五三四-五三五）と述べられている。

（56）『懺悔道としての哲学』以降の時間論については、TAKEHANA Yosuke, "The Irreversibility of Time and the Momentary Present as a "Cut"—Tanabe Hajime's philosophy of time—", *Tetsugaku vol.3*, International Journal of the Philosophical Association of Japan, 2019. 参照。

（筆者　たけはな・ようすけ　福岡大学人文学部准教授／日本哲学史）

希望の哲学的解釈学による自由の解釈学的哲学

――リクールのカント宗教哲学理解とその活用の仕方をめぐって――

末永絵里子

はじめに――哲学的著作としての『たんなる理性の限界内の宗教』と、哲学者の言説としての「たんなる理性の限界内の宗教」

現代フランスの哲学者、ポール・リクール（一九一三-二〇〇五）[1]には、内容上の連続性を保ちつつも、約四半世紀の間隔を空けて発表された、二編の論文がある。『諸解釈の葛藤――解釈学試論』（一九六九年）所収の論文「希望による自由」（一九六九年）と、『レクチュール3――哲学の境目で』（一九九四年）所収の論文「宗教の哲学的解釈学――カント」（一九九二年）である。両論文に共通するキーワードとして、「希望」、「希望の知解」（CI, 406, L3, 40）、「希望の病」（CI, 414）あるいはその別表現としての「全体性の病」（L3, 40）における「病」を挙げることができる。二編の論文が一つの問題関心の下で執筆されたものであったと読者に気づかせるのは、これらの顕著な共通項である。

また、両論文において、カントの批判哲学（著作で言えば『純粋理性批判』と『実践理性批判』）および宗教哲学（著作で言えば『たんなる理性の限界内の宗教』）が、リクールの宗教哲学的思索の地盤となっていることも、読み手にそう判断させる理由である。言い換えると、どちらの論文においても、リクールが、哲学と宗教の「境界」(CI, 403)・「境目」(L3, 19 ; cf. L3, 35-36) で——事実や経験としての宗教の領域に身を晒しつつも理念やア・プリオリなものを扱う哲学の領域に踏みとどまったまま、正確には、超越論哲学と歴史的宗教の二つの領域を区切る境界線の内側(哲学側)に身を置いたまま——「自由を介した希望の釈義」(CI, 402) を遂行するに当たって、「〔理性〕批判の内/外 (*dans* et *hors* de la critique)」(CI, 408) で生まれたカントにおける「宗教」の問い、すなわち「私は何を希望することが許されるか?」(CI, 405, 408, 412, L3, 20, 21) という問いに起源を持つ限りでの「希望」が、考察の材料として選択されているのである。このリクール的釈義において、希望という概念は最終的に、「囚われの自由」(L3, 20, 30) の釈放・解放への希望、「隷属意志」(L3, 20, 32) の復活・甦りへの希望として規定されることになる。

これほど長期に渡って問題関心が持続する哲学者の実例を目の当たりにできただけで僥倖であるが、最初の論文でどのような解釈学的試みがなされており、その試みにおいて積み残された問題が何であったのか、また、次の論文でどのようにその問題が解決され、あるいは不十分であった箇所が補完され、当初の構想全体と補完された部分との総合によって、最終的に何が見えてくるのか、読み手の興味関心をかき立てるところではある。

リクールは、最初の論文「希望による自由」の中で行う自らの解釈学的思索が、「宗教的自由の解釈学」(CI, 393, 397) であることを明言している。我々の見るところ、当初からリクール自身にその構想の全体は見えていた。しかし、実際の解釈学的手続きとして実施されないまま、リクール本人にも不明瞭なまま残されてしまった問題があった。その問題性が顕著に表れているのが、同論文中の注目すべき二つの表現、カントの「哲学的著作」としての『たんなる理性の限界内の宗教』(CI, 413) と、リクールという「哲学者の言説」としての「たんなる理性の限界内の宗教」(CI, 394, 402) である。問題は、二つの表現の区別の曖昧さである。

フランス語の表記の仕方で言うと、「哲学的著作」の方は書名を表わすイタリック体で、「宗教」という語の頭文字は大文字、「哲学者の言説」の方は引用符もなく地の文と同じ立体活字で、「宗教」という語の頭文字は小文字で記されている。前者は、歴史的宗教（とくにユダヤ教とキリスト教）をめぐるカントの著作としての『たんなる理性の限界内の宗教』（一七九三年）を指す。後者は、「宗教的自由」（CI, 393, 394, 397）についてのリクール自身の言説としての「たんなる理性の限界内の宗教」を意味する。この形式的な区別については、論文「希望による自由」の中でたしかに言及されている。しかし、リクールがカントの宗教論をどう読み、リクールが読む限りでのカントの宗教論がどういうものであったのか。また、リクールがどういう仕方でそれを自らの解釈学的思索へと組み込んでいったのか。あるいはそもそもどういう解釈学的枠組みの中でリクールがカントの宗教論を読んでいたのか。そういった事柄については、同論文中で十分に説明されていない。そこではむしろ、宗教的自由なるものをめぐる「哲学者の言説」（CI, 402）を練り上げる材料として、一方で、カントの『純粋理性批判』と『実践理性批判』における「弁証論の部分」（CI, 403）が挙げられている。とくに、純粋理論理性の弁証論でいったんは超越論的錯覚の温床として認識の対象としては廃棄され、純粋実践理性の弁証論で再び最高善という実践的概念のもとに集結させられた、超越論的理念の対象（魂の不死、自由、神の現存）の「要請」（CI, 408；cf. KpV, 122-134, 143）という事柄に光が当てられている。同論文では他方で、ユルゲン・モルトマン『希望の神学――キリスト教的終末論の基礎づけと帰結の研究』（一九六四年）で言及される「復活・甦りの宣教」（CI, 415）、正確には、「神の御業による、死者たちの中からのイエスの復活・甦りの宣教」（TE, 179；cf. TE, 177, 185, 215）という事柄に光が当てられている。純粋実践理性（あるいはこれと同一化するに至った純粋意志）による「要請」およびイエスの弟子たち（あるいはイエス自身）による「宣教」という一見かけ離れた二つのモチーフの関係づけにリクールが腐心していたことも、論述上の偏りが生じた理由の一つであろう。

次の論文「宗教の哲学的解釈学――カント」では、まさにそこで陰になっていた部分に光が入れられる。つまり、哲学的著作としての『たんなる理性の限界内の宗教』が、リクールによって「宗教の哲学的解釈学」(L3, 19, 40)、より限定的には「希望の哲学的解釈学」(L3, 22) という独自の意味付与を受けていたことが初めて明かされる。ここから、同著作で希望というモチーフが置かれる諸々の文脈そのものが、「希望による自由」(CI, 397, 400, 401, 403, 408, 410) と規定される限りでの自由の釈義であると同時に「自由を介した希望の釈義」でもあるというリクール自身の「宗教的自由の解釈学」にとって、重要な参照軸であったことが分かる。また、この「宗教の〔あるいは希望の〕哲学的解釈学」が、「宗教という事象そのものに属する自由という境位」(CI, 393) がいかなるものであるかを、「希望の形象」(CI, 414 ; cf. RGV, 61) の一つである「〔十字架上の死を遂げた〕イエス - キリストの復活・甦り」(CI, 397) およびその告知（宣教）という出来事に即して解釈するという意味での「宗教的自由の解釈学」の中で、固有の位置を占めていることが分かる。言い換えると、カントの哲学的著作としての『たんなる理性の限界内の宗教』において展開されたような宗教哲学が、或る独自の読み筋の下で再編成され、リクールという哲学者の言説としての「たんなる理性の限界内の宗教」の一部を成していること、逆に言うと、『たんなる理性の限界内の宗教』というカントの著作からリクールが読み取った言説よりも意味の外延の広いものとして、つまりこの言説とは明確に区別されるものとして、リクール自身の「たんなる理性の限界内の宗教という言説」が思い描かれていたことが分かる。要するに、カント的「宗教の〔あるいは希望の〕哲学的解釈学」を自らの内に含み、これを不可欠の契機とするものとして、リクールの「宗教的自由の解釈学」は構想されていた。それが、論文「希望による自由」（一九六九年）に、その続編としての論文「宗教の哲学的解釈学――カント」（一九九二年）が付け加わることによって、初めて読者の目に明らかになるのである。

本研究の目的は、「宗教的自由」をめぐるリクールの当初の解釈学的構想がどういうものであったのか、また、その構想において十分に展開されなかった事柄が何であり、どうすればそれが十全に展開されうるかを明らかにすることにある。解明の方法としては、リクール的「宗教的自由の解釈学」の全体像を、その構想の一部をなすものとして暗黙裡に想定されていながら当初は十分に明確化されなかった、カント的「宗教の〔あるいは希望の〕哲学的解釈学」という角度から示すという仕方を採る。考察の手順として、リクールがカントの批判哲学と宗教哲学、さらにモルトマンの「復活・甦りの解釈学」(CI, 397) を主な触媒として構想した「宗教的自由の解釈学」の概要を、まず、この解釈学に固有の「方法」という観点から、次に、この解釈学に固有の「問題系」という観点から示す。その際、リクールが理解するところのカント宗教哲学、すなわち「宗教の〔あるいは希望の〕哲学的解釈学」の成り立ちが、「宗教的自由の解釈学」というリクール的枠組みの中で明らかになるようにする。また、カントによるこの哲学的解釈学が、「希望の病理学」〈純粋実践理性の全体化要求の下で病んだ、意欲の一形態である希望というはたらきの症状の観察と原因の究明〉の一部を成すと同時に、「希望の宣教」〈病んだ希望自身による自らの快癒・復調の宣言であり、死せる自由の復活・甦りと表裏をなすもの〉の一部であることを示す。具体的には、この哲学的解釈学を、実践理性の弁証論で幕を開け、根元悪論〈哲学的宗教論の第一編〉を経て教会信仰論〈哲学的宗教論の第二編から第四編、とくに「宗教妄想」に基づく「神への偽奉仕」が問題化する第四編〉で幕を閉じる「希望の病理学」から、今度は逆に、教会信仰論で幕を開け、根元悪論を経由して実践理性の弁証論で幕を閉じる「希望の宣教」までの〈迂回路〉ないし〈中継地〉に当たるものとして提示する。言い換えると、リクールによる「宗教的自由の解釈学」がこの全行程から成るのに対し、カントによる「宗教の〔あるいは希望の〕哲学的解釈学」はこの行程中、哲学的宗教論の部分だけから成る。つまり実践理性の弁証論の部分は含まない。なお、これは見通しを示すに留めるが、そのように外枠から内容を規定された〈希望の哲学的解釈学〉〈カント〉に光を当てたまま、今度は、これを自らの内に含む〈自由の解釈学的哲学〉〈リクール〉を内側から照らし出すという仕方で、リクールにおける「宗教的自由の解釈学」が全体としてどのようなものであるかを明らかにする。具体的には、理性批判から哲学的宗教論に至るカント哲学の問題圏域（認識／思惟／意欲／希望／悪／信仰）全体を視野に収めつつ、「宗教的自由の解釈学」をリクールが遂行する際、解釈の行程に応じて、解釈者であるリクール自身がそのつどどこに立っており、どういう立場で彼自身の視点から何を見ようとしているか、同時に、その同じ立ち位置から誰の視点を借りて何を見ようとしているかという観点から、「宗教的自由の解釈学」の内的構造を解明する。

一　ポール・リクールによる「宗教的自由の解釈学」構想——その「方法」という観点から

（一）「宗教的自由」をめぐるリクール解釈学の方法——「哲学者のアプローチ」

論文「希望による自由」は、前年の一九六八年に開催されたコロック「宗教的自由の解釈学」における発表原稿「宗教的自由の概念への哲学的〔哲学者の〕アプローチ」を基にしたものである。リクールによると、元々の表題に含まれるこの「アプローチ〔問題の取扱い方・対象への接近方法〕(approche)」の本質は、或る異質な二つの言説を「近づけ」——あるいはむしろ「〔一方の言説の側から他方の言説〕へと近づき (se mettre en relation de proximité avec)」(CI, 394 ; cf. CI, 403)——この接近および隣接によって一方の言説が他方の言説から受けた「衝撃 (choc)」を聴き取ること、さらに、そこからの「反動・揺り返し (choc en retour)」によって一方の言説内部で生じた「意味上の効果・意味的影響」や「意味の再編成」の動きを見て取り、他方の言説で重要な意味をもつモチーフAの、一方の言説における等価物A'、すなわち「近似値 (approximation)」を探し出すことにある (cf. CI, 394, 403)。なお、このアプローチという語が「哲学的〔哲学者の〕」という形容詞で限定されていることからも分かるように、リクールの場合、異質な二つの言説として問題になるのは「哲学者の言説」(CI, 394 ; cf. CI, 402) および「宣教者と神学者の言説」(CI, 394) であり、リクール自身はあくまで「哲学者の言説」の内に留まり続ける。したがって「哲学者のアプローチ」(CI, 394) によって最終的に探し当てられるべきは、「宣教者と神学者の言説」に登場する重要なモチーフAの、「哲学者の言説」における等価物A'、すなわち「哲学的近似値」(CI, 400, 401, 403, 412 ; cf. CI, 409, 410-411) ということになる。

　こうした方法的意図のもと、「宗教的自由の解釈学」を遂行するに当たって、言い換えると「宗教という事象そのものに属するような自由という境位」を独自に規定するに当たって、リクールが二つの言説として選択したのは、神学者モルトマンの言説と哲学者カントの言説であった。リクールはモルトマンについて、十字架上の死からのイエスの「復活・甦りという出来事」[3] (TE, 203, 206, 211) を、既に完結した過去の事実としてではなく(イエスの弟子たちの目撃証言に依拠するがゆえに、「復活・甦りの現実性」(TE, 178, 190, 199) やその「歴史性」(TE, 185, 188) は第三者や後世の者たちにとって常に問題になるのだが)、むしろ「来たるべきもの (à venir)」(TE, 212, 216, 218)、あくまで「将来するもの」、いわば未完の出来事として捉え、その「行く末 (avenir, futur)」(CI, 397 ; cf. TE, 217-218) を考察するという指針に着目している。それは、「希望とか約束という語で〔磔刑に処されたイエスの身に起こった出来事を元々は指すはずの〕復活・甦りを解釈する」(CI, 397 ; cf. TE, 212, 218, 226-227) という解釈方針である。カントについては、理性批判の根本問題である「超越論的錯覚」(CI, 405) およびこれと問題圏域を同じくすると同時に宗教の問いの出所でもある「希望」(CI, 405) というモチーフに光を当てた上で、「純粋理性の弁証論 - 実践理性の弁証論 - 宗教哲学」(CI, 405) というカントにおける一連の思索のダイナミズムに視線を投じている。『純粋理性批判』・『実践理性批判』を経て『たんなる理性の限界内の宗教』という著作の形で結実したカントの哲学的宗教論を、「宗教の〔あるいは希望の〕哲学的解釈学」として理解し、この哲学的解釈学という言説の内部に自ら身を置いた上で、リクールはそこから、『希望の神学』のモルトマンが提示した「復活・甦りの解釈学という言説」(CI, 397) へと接近する。この言説との近接・隣接が「宗教の〔あるいは希望の〕哲学的解釈学」という言説に及ぼした反響・残響を聴取しつつ、リクールが独自に練り上げたのが、「宗教的自由の解釈学」であり、その意味での「たんなる理性の限界内の宗教という言説」に他ならない。

なお、聖書の記述をふまえたモルトマンの言説という意味での「宣教者と神学者の言説」に登場する重要なモチーフAとは、「キリスト者の宣教」(CI, 395, 396, 413) と「キリスト者の希望」(TE, 15, 31)、正確には「復活・甦りの宣教」(TE, 199, CI, 415) と「復活・甦りへの希望」(TE, 15, 18, CI, 400, 401, 413) である。この宣教は、第一義的に、磔刑に処されたイエス‐キリストの復活・甦りを広く流布すると同時に罪の中にいる状態からの万人の解放・救済を人々に告げ知らせるというイエスの弟子たちの言表行為、および「イエスはかつて『旧約』の神が地上へ送り込むと約束なさった救い主・救世主（キリスト）だ、彼は神の御業によって死者たちの中から甦った、私はこの目で見た、我々の罪は赦された」という主旨の言表内容を意味する (cf. TE, 177)。しかし二次的には、「復活したキリストと磔刑に処されたイエスの同一性」(CI, 400 ; cf. TE, 211-217) をめぐる「大いなる問い」(CI, 400) をかき立てると同時にそれへの「信」(TE, 198) へといざなう特異な視覚情報と聴覚情報、すなわち「イエスの生き生きとした顕現」(TE, 212 ; cf. CI, 400) とそれに続く「顕現した者の言葉〔イエス自身の発話行為〕」(TE, 213 ; cf. CI, 400)、および「私だ、〔死者たちの中から甦らされたこの私は、あなたたちが知っているのと〕同じ人物だ」(CI, 400) という主旨の発話内容もそこに含まれる (cf. TE, 214)。十字架上の死を遂げたキリストの復活・甦りへの「信」を介した、あるいはむしろ、いつか地上へ戻ってくることが期待されている (cf. TE, 209, 244) 甦ったキリストが今度は王として支配する「神の国」(CI, 400, 412, L3, 36, 40 ; cf. TE, 232-240) に義人として新しく生まれ直すことへの「期待」を介した (cf. TE, 218-223)、すなわち罪人たるキリスト者自身の「来たるべき復活・甦り」(TE, 208) への「希望」を介した「〔各人が自らの罪の中にある状態としての、死にも等しい断絶〕からの自由 (le « libre de… »)」／「〔各人が生まれ変わって送る、正義と平和のもとでの新たな生〕への自由 (le « libre pour… »)」[4] (CI, 400 ; cf. CI, 405, TE, 33)。神学者ルターの著作『キリスト者の自由』（一五二〇年）のタイトルを念頭に置きつつリクールが指摘するのは、この意味での「希望による自由」こそ、「宣教者と神学者の言説」が語る「キリスト者の自由」（CI, 400）であり、リクールがその哲学的等価物を探し求めている「宗教的自由」だということである。

ただし、前述のように構想された「宗教的自由の解釈学」において重視されるのはむしろ、死の深淵から甦ったイエス自身による「自己同定（auto-identification）」（TE, 213）という意味での、第二の「宣教」である。しかも後述するように、リクールはそういうものとしての「復活・甦りの宣教」を〈純粋実践理性（もとい純粋意志）の全体化要求の下で病んだ希望（純粋意志のはたらきとしての）による自らの快癒・復調の宣言、およびこの宣言に牽引されて同一の実践的主体において成就される（主観的には神的意志でありながら客観的には動物的意志でしかなくなった選択意志の）死せる自由による自らの更生・改善の宣言〉と独自に解釈した上で、「〔希望の希望自身による、あるいは自由の自由自身による〕復活・甦りの宣教」と読み替えている。復活・甦りの宣教が「希望の宣教」（CI, 402, 403）および「自由の宣教」（CI, 394, 395）と言い換えられるのは、こうした文脈においてである。そこで問題となる自由も、あくまでこの解釈の下での「希望による自由」に他ならない。さらにリクールの見立てでは、「復活・甦りの宣教」というモチーフAの、したがって「希望の〔または自由の〕宣教」というモチーフAの、「哲学者の言説」における等価物A'、つまり「哲学的対応物」（CI, 403）とは、実践理性の弁証論で問題となる「純粋実践理性の〔三つの〕要請」の内、「自由の要請」（CI, 410）である。この「自由の要請」において「要請される自由」（CI, 409, 410 ; cf. KpV, 110, 129, 132）こそ、「希望による自由」の「哲学的近似値」（CI, 403）に相当するというのである。では、「復活・甦りへの希望」については、「宗教的自由の解釈学」の中でどういう独自の解釈がなされ、どのような哲学的等価物が発見されているのか。

（二）「哲学者のアプローチ」の独創性――「復活・甦りへの希望」および「復活・甦りの宣教」の「哲学的近似値」探しに関して

そもそも、この近似化作業（近似値探し）の一環として興味深いのは、リクールが、「キリスト者の宣教の核心」（CI, 396 ; cf. CI, 397, 399, 401）を成す「死者たちの中からの〔キリストの／キリスト者の〕復活・甦り」（CI, 400, TE, 212, 218）という新約聖書的な観念の哲学的等価物を探り当てる際、一方で、「〔創造主による〕無からの〔被造物の〕創造（*creatio ex nihilo*）」（CI, 397, 400 ; cf. TE, 28, 29, 31, 242）という旧約聖書的観念を上記の新約聖書的観念と構造上・意味上の「類比」（CI, 415 ; cf. TE, 188–190, 212）関係にあるものとして明示し、他方で、「意志の再生」（L3, 37, 38）・「自由の再生」（CI, 414 ; cf. CI, 412）が課題となるカントの哲学的宗教論全体を、上記の新約聖書的な観念の哲学的対応物の在り処として提示していることである。しかもリクールは、この振る舞いのみによって、〈根元悪からの隷属意志〔囚われの自由〕の再生〔更生・改善〕〉というカント的観念を暗黙裡に示している。言い換えると、この三番目の定式を読者が自分で思い描くことができるよう、周到に論述上の糸を引いているのである（cf. CI, 412– 414, L3, 21, 28, 30, 32, 35, 37, 38）。なお、類比関係にある上記三つの言い回しの内、意味の核を成すのは「無からの新たな創造」（CI, 397 ; cf. TE, 19, 225, RGV, 47）である。

「死者たちの中からの復活・甦りへの希望」（CI, 397, 413）と定式化されるキリスト教的希望は、キリスト教的宣教の核心をふまえたものであり、最終的には「死者〔全員〕の復活・甦り」（TE, 208, 224, 245）が、すなわち「死者たちの中からの万人の復活・甦り」（CI, 397）がそこで期待されるところのものである。それゆえ上記の定式を、「死者たちの中からの〔キリストを初穂とする万人の〕復活・甦りへの希望」（CI, 397, 413 ; cf. TE, 207–208, 244–246）と補って読むことは許されるだろう。このように規定されたキリスト教的希望を受けて、いわば「宣教者と神学者の言説」が「哲学者の言説」へともたらす最初の衝撃として、有限な理性的存在者なら普遍的に抱く

（であろうとカントが考える）希望の内容の、ある種の偏りが露わになる。すなわち、理性批判の「内／外」で問題となるカント的希望が、本質的には、〈自らの道徳性に釣り合った「幸福（Glückselichkeit）」への希望／神に嘉される人間（道徳的に善い人間）に成るという意味での「幸福」（RGV, 62, 120；cf. RGV, 61, 117）への希望〉でしかないことが炙り出される。さらに究極的には、〈自らの神聖性にもたらされるべき至上の幸福という意味での「浄福（Selichkeit）」（KpV, 129；cf. KpV, 119, 124）への希望／悪から善への復帰に向けた不断の努力において、徳の努力が不完全であるのを補うものとして、本来はそれに相応しくなった者にのみ僥倖の形でのみ与えられる「高次の助力」（RGV, 45；cf. RGV, 101, 117, 190–192）、言い換えると「よりよい人間」（RGV, 48, 51, 52）になろうとする永続的な努力の中で、不意打ちのように遭遇するかもしれない「超自然的な援助」（RGV, 191）ではなく、「よき生き方」（RGV, 51, 105, 116, 118–120, 144, 170–172, 176–177, 179）への実践的な志向抜きでたんに「教会の奉仕（cultus 祭祀）」（RGV, 153；cf. RGV, 174）のみによって魔術的に召喚されうる（と思い込まれた）「超自然的な協力」（RGV, 44）としての神の「恩寵〔イエスによる身代わりの贖罪〕」（L3, 32, 35, RGV, 174, 190, 191）、およびこの援助・助力で以って善への帰還を果たすことによって神的審判者の前で義とされる、もはや罪なしとされる（と思い込まれた）こととしての神の「義認」（L3, 29, 33, 34, 35, 38, TE, 222, RGV, 76）がもたらす、永遠の幸福という意味での「浄福」（RGV, 52, 115, 116, 118, 146；cf. KpV, 51, 115, 153, 180, 181）への希望〉に他ならないことが炙り出される。その上で、この最初の衝撃の反動・揺り返しとして、カントにおける希望を、「有限な理性的存在者」（普遍的に、つまり万人に付与されているものの、人間にあっては限定された能力でしかない純粋理性の保有者）が抱く幸福への希望から、この同じ存在者における再生への希望へと読み替える読み筋が開かれる。すなわち、「自ら背いた善への帰還」（RGV, 44, L3, 27；cf. RGV, 50）、いわば無垢なる初期状態の取り戻しという意味での更生・改善への期待として、より根源的には「為しうるという力〔そのもの〕の回復」（L3, 21；cf. L3, 28, 29）という意味での復調・

治癒への希望として、カントの「希望」(RGV, 44, 48, 51 ; cf. RGV, 178) を読む別のルートが、カント自身のテクストの内部に開かれる。ここから、〈死者たちの中からのキリストを初穂とする万人の復活・甦りへの希望〉の哲学的等価物A'を、〈根元悪からの〔有限な理性的存在者の〕隷属意志〔ないし囚われの自由〕の再生への希望〉として読み解く道筋が開発されるのである。

リクールの「宗教的自由の解釈学」固有の方法、すなわち「近似化 (approximation)」を含めた「哲学者のアプローチ (approche)」の興味深い点として、最後にもう一つ挙げておきたい。「宗教の全行程の賭け金とは、隷属意志を実際に解放することである」(L3, 32 ; cf. L3, 30) と述べられるように、リクールは、宗教の「効力・効能」(L3, 35 ; cf. L3, 32-33) として、自分一人の力では制御も改善もできない「悪への性癖」(CI, 413, L3, 23) が原因で、あるいは明確な「悪意」(CI, 414 ; cf. RGV, 57) をもって自分を陥れようとする「他者の欺瞞と奸計」(L3, 23) が原因で (もしくは双方の絡み合いによって) 一回的に／反復的に生起した悪の只中で、極度の「無力 (impuissance)」(L3, 20)・「無能 (non-pouvoir)」(CI, 413, L3, 27) の様態に陥った選択意志が、その「隷属状態」(L3, 32) から「自由になること」(L3, 32 ; cf. CI, 409, 412, 413, RGV, 93) を挙げている。ここでの無力・無能の様態とは、かつて一度でもあのような過ちを犯した自分はこの先もずっと穢れている、あるいは何度も何度も同じ過ちを繰り返す自分は必ずまた同じ過ちを犯してしまう、そうした自らの「為しうるという力、とくに善を為しうる力」(L3, 20) に対する根本的な不信ないし懐疑と、それによる現事実的な行為不可能性を意味すると考えられる。実際、人はたった一度の過ちで取り返しのつかないほど損なわれることもあれば、反復的に犯した過ちによって二度と回復できないまでに損なわれることもある。自分自身の性根が腐り切っていることをそのつど思い知らされて。そしてこの両ケースは切り分けることができない。実際の悪の現場で、「犯す悪 (mal agi)」と「被る悪 (mal subi)」[5]の区別が同一人物において曖昧であるのと同様である。ここから、その性癖の腐敗にもかかわらず、選択意志に「為しうるという力、とくに善を為しうる力」を現事実的に取り戻させることが、事実としての宗教の賭け金となるのである。カントの言葉で言えば、これは、実定宗教としてのキリスト教が提供する、特殊的具体的な「表象、信仰、制度」(L3, 19 ; cf. L3, 28) を介して、「悪への自然的性癖」のもとでその選択意志が無力化・無能化していた有限な理性的存在者において、「善への根源的素質」がその「力能 (puissance)」(L3, 21, 28) を回復することを意味する。言い換えると、「善の格率」(RGV, 31) ではなくとも、せめて「悪しき格率」(RGV, 20) ではなく、「最上の格率」(RGV, 31) と言えるような格率 (合法則的形式を具えると同時に、その措定や実施に際して自らの傾向性と常に闘争している道徳的心術を伴うような主観的な実践的原則) を自ら練り上げ、採用し、常にこれに従って行為する能力という意味での有限な理性的存在者の選択意志が、その「失われた能力 (pouvoir)」(L3, 28, 29) を取り戻すことを意味する。なお、リクールによって「哲学者の言説」の陣営に置かれたカント宗教哲学が「(悪に囚われた隷属意志の) 再生に向けた諸々の手立て」(L3, 21) として挙げるのは、キリスト教がその文化的観点から見た歴史的遺産として内包している表象、信仰、制度である。救済のシステムとして「三位一体」(L3, 28 ; cf. L3, 19) を成しているそれらを根底で繋ぐものこそ、「善の原理の人格化された理念」(RGV, 60)、「神に嘉される人間という理想」(RGV, 61 ; cf. RGV, 66, 119, 129, L3, 29, 30, 31, 34, 35, 38) を体現する「キリストという形象」(L3, 29-32 ; cf. CI, 415) に他ならない。

しかし、リクールによると、キリスト教がその実存的観点から見た歴史的遺産として内蔵している「諸々の物語や象徴、神話」(L3, 20) もまた、「再生に向けた諸々の手立て」に含まれる。聖書における「復活・甦りの物語」(TE, 205)、とくにそこで語られる「復活・甦りの宣教」という言葉の出来事に「悪」の問題との関係で鋭く反応し、リクールがモルトマンによる「復活・甦りの解釈学」を「宣教者と神学者の言説」として選んだのは、こうした考えによるものであろう。リクールのユニークな点は、言表行為および言表内容としてのキリスト教的宣教を哲学者として解釈する行為そのものが、この同じ宣教を信仰者として受諾する振る舞いと同等に、自らを救済・解放する手段になると喝破したところにある。「〔希望の、あるいは自由の〕復活・甦りの宣教」の哲学的対応物を、実践理性の弁証論を典拠とする「〔超越的理念の三つの対象の〕要請」(CI, 408) という形で自らの内に含むと同時に、それ自体が「〔希望の、あるいは自由の〕復活・甦りの宣教」と「同等・同類 (homologue)」(CI, 402) であるような「自由についての哲学者の言説」(CI, 402)、その全行程が「〔希望の、あるいは自由の〕復活・甦りの宣教の哲学的類似物 (*analogon* philosophique)」(CI, 415) であるような「たんなる理性の限界内の宗教という言説」の開拓と彫琢。これこそが、リクールが採用した「哲学者のアプローチ」という方法の最大の狙いであり、最大の功績であると言えるだろう。

二　ポール・リクールによる「宗教的自由の解釈学」構想——その「問題系」という観点から

(一)「宗教的自由」をめぐるリクール解釈学の問題系——「悪の問題系」

前章では、リクールによる「宗教的自由の解釈学」の概要を、そこで遂行されている方法という観点から描き出した。本章では、この解釈学に固有の問題系（主題、問いかけ、問題、賭け金、主導理念、プランの提示から成る、哲学的思索の導入部）[6]という観点から、リクールの言い方では「悪の問題系」(CI, 412) という観点から、「宗教的自由」をめぐるリクール解釈学の概要を示すことにしたい。

注目すべきは、リクールが「悪の問題系」を「成就と全体化の問題系」(CI, 414) と言い換えていることである。また、この「成就と全体化」の基になる、「実践理性をその本質的な純粋さにおいて構成している完遂〔要求〕、全体性要求」(CI, 409) の下、この理性との関係の内にある意志の自由が、一種の「倒錯」(CI, 414, L3, 40) に陥る事態に光が当てられていることである。その上で、カントにおける批判哲学の弁証論／宗教哲学の教会信仰論で共通して問題となる人間理性の「自然的性癖」(KrV, A642/B670 ; cf. RGV, 53, 194) ——自らの限界を踏み越えて道を踏み外すという性癖——に由来する「完備性」(CI, 411, L3, 40) への強い志向の只中で実践的自由が罹患する「病」として、「全体性の病」(L3, 40) という奇妙な表現が出されていることである。(7)

ここで問題になる自由とは、「義務の教説」(CI, 413 ; cf. CI, 409) と呼ばれる実践理性の分析論で主題化される自由、つまり「自律」(CI, 409) として定式化される自由ではない。言い換えると、有限な理性的存在者の選択意志が具える「為しうるという力」、定言命法として聴取された道徳法則に照らして、そのつど能う限り最上の格率を自ら練り上げ自らの内に取り入れ、しかも行為そのものを常にこの格率に従って実行する能力ではない (cf. RGV, 31, 46)。またそれは、「最高善の教説」(CI, 413) と呼ばれる実践理性の弁証論で「要請される自由」(CI, 409, 410)、つまり「希望による自由」の名でリクールが探し求める「宗教的自由」の哲学的対応物でもさしあたりない。そうではなく、むしろ前二者の〈間〉に位置する自由、「最高善の教説」と呼ばれる実践理性の弁証論で問題化する自由である。それは、格率の設定においても遂行においても自らの傾向性と常に闘争し続ける道徳的心術、つまり「徳」(KpV, 84) を獲得したことによっていまや「純粋意志」(KpV, 109) という境地に到達した選択意志が、自ら定立し採用した格率を遵守したまま行為すると同時に、自らの徳の完成に向けて無限に前進し続ける能力である。言い換えるとこれは、その初期形態(スタートラインないし下限)が意志の心術および行為の道徳性、その最終形態(ゴールラインないし上限)が意志の心術および行為の神聖性であるような(8)「最上善」の完成という「実践的課題」(KpV, 124) を遂行する能力を意味する(完遂されるかは別として)。ただし、カントは純粋意志の究極目標として、完成に向けた道の途上にある徳としての最上善にいつしかそれに釣り合った幸福が必然的に付け加わり、それが善として全きものになる事態を想定している。しかもこの事態を、欲求満足や幸福追求を至上命題とする自愛および独りよがりを本来打ち砕くはずの「道徳法則」(CI, 407 ; cf. KpV, 129, 133) 自身が命じるものとして想定しているのである。それゆえ、ここで問題になる自由、実践理性の弁証論で問題化する自由とは、有限な理性的存在者は自らの徳に見合った幸福を求めざるをえないので、つまりその欲求能力はどこまでも「選択意志」(CI, 407)という境位・身分を離れることはできないので、そうした自らの欲望を認めつつ最上善の完成という実践的課題を遂行する能力、あるいは端的に「最高善」の成就という「実践的課題」(KpV, 125)を遂行する能力と言った方が正確であろう(完遂されるかは別として)。要するに、リクールの考えでは、「成就と全体化の問題系」において問題と化すのは、「その最初の規定における自由」(CI, 413)ではなく、むしろ「その全体化のプロセスにおける自由」(CI, 413)であり、後者の自由の転倒・倒錯が、「全体性の病」と表現されるのである。

なお、リクールはこの病を、「希望の病」(CI, 414)とも言い表している。ここで問題になる希望とは、本稿序論で述べたように、カントの理性批判の「内/外」、すなわち第二批判の弁証論/根元悪論(哲学的宗教論の第一編)を経て教会信仰論(哲学的宗教論の第二編から第四編、とくに「法規的教会信仰」において問題化する「宗教妄想」(RGV, 168, 170, 171)に基づく「神への偽奉仕」(RGV, 153, 167, 170, 172 ; cf. RGV, 179)が話題となる第四編)で生まれたカントにおける宗教の問い、「私は何を希望することが許されるか?」という問いに起源をもつ限りでの希望である。「希望の領分は、超越論的錯覚の区域とその外延をぴたりと同じくしている」(CI, 405)/「悪と希望は、我々が思う以上に固く結びついている」(9)(CI, 414)というリクールの指摘を考慮するならば、「希望」という同一のモチーフが、理性批判の「内/外」の繋ぎ目、言い換えると、批判哲学における「錯覚」の問題系/宗教哲学における「悪」の問題系の蝶番になっていることにも注意すべきである。いずれにせよ、「成就と全体化の問題系」の核となる「問題」は、以上のような二通りの表現をもつ「病」に相当する。

前章でも指摘したように、リクールの言うこの「病」は、人間の選択意志が置かれたある種の隷属状態を指している。正確には、有限な理性的存在者の内なる「限界超出への自然的性癖」(KrV, A642/B670)と「悪への自然的性癖」(RGV, 37) とが、この存在者の外からやって来る諸々の害悪、例えばこの存在者が属する組織の内部規則・集団の同調圧力やこの組織・集団の中にいる特定の誰かの「悪意」(CI, 414) とも絡み合った結果、当の有限な理性的存在者の実践的自由が陥る、虜囚の状態を意味する。この隷属状態から「隷属意志を実際に解放すること」(L3, 32)。この虜囚の状態から「囚われの自由を蘇生させること、この自由を生きたものにすること」(L3, 30)。この囚われの自由に、「為しうる自由」(CI, 409) を、より正確には、「善意志〔ひたすら道徳法則への尊敬からこの法則の普遍的妥当性・客観的必然性に照らして自ら格率を設定しこれを自身の内に採用し、善き意志としての自分自身を実際の行為の中で実現できるよう不断に努力する能力をもつ選択意志〕たりうる自由」(CI, 409) である限りでの「自由という身分・境位」(CI, 393) を取り戻させること。それが、リクールによる「宗教的自由の解釈学」の課題となる。また、それ自体が「〔希望の、あるいは自由の〕復活・甦りの宣教」を宣べ伝える行いと等価であるような一連の解釈学的手続きによって、その「現事実的なリアリティ」(CI, 412) を回復し、その「リアルな原因性」(CI, 409, 413) という資格を取り戻した自由、しかもその回復が、病んだ希望の復調・快癒と同時的であるような自由こそ、リクールがその哲学的等価物を探し求める「宗教的自由」であり、「宗教的自由の解釈学」の主題となる「希望による自由」なのである。

　さらにリクールによれば、「成就と全体化の問題系に内属する倒錯」(CI, 414) としての「希望の病」の中でのみ露わになる「悪の中の悪」(CI, 414) なるものがあるという。別の言い方では、「実践理性の分析論から弁証論への運動を支配している、完備性 (complétude) に向けたあの跳躍・躍動の倒錯」(L3, 40) という意味での「全体性の病」について、その元凶とも言うべき「その倒錯性の極致に達した悪」(L3, 40) なるものがあるという。「希望の病」・「全体性の病」がこの問題系の中心に位置する問題であることを考えると、「悪の中の悪」は、いわば問題の中の問題、問題系の核となるアポリアの中でも最もアポリア的なものと言うことができる。ところで、そのようなものとしての「真正の悪、悪の中の悪」(CI, 414) を、リクールは、「禁忌の侵犯や法の転覆、〔規則や権威への〕不服従ではなく、全体化のはたらきにおける詐欺行為・不正行為」(CI, 414 ; cf. RGV, 153, 180) と規定する。ここで言われる「全体化のはたらき」とは、純粋実践理性の全体化要求のもと、「〔純粋〕意志が或る完全な対象を求めること」(CI, 414 ; cf. L3, 40)、言い換えると、選択意志の当初の対象物・目標物であった徳としての「最上善」に、この意志が徳という道徳的状態に達して以降、それに釣り合った幸福が目指すべきものとして付け加わることによって、その究極目標が「最高善」と化すことを意味する。なお、最上善は第二批判の分析論の主要論題、最高善は第二批判の弁証論の主要論題である。その意味で、リクールの言う「真正の悪」とは、純粋実践理性の弁証論に固有の問題圏域、すなわち最高善という解決不能な問題がそこで生起すると同時に、宗教の問いがそこで立ち上がる「矛盾葛藤の領野」(CI, 414) でのみ立ち現れるものである。言い換えると、希望の問題圏域とその外延を同じくする超越論的錯覚の問題圏域でのみ現出するものである。だからこそ、この「悪」は、上記の問題圏域でその発症が確認される「希望の病」・「全体性の病」の中でも最も病的な様態、最も倒錯的な錯覚に陥ることとして、この「病」の中でのみ露わになるのである。しかし、「〔純粋意志の目標および純粋意志の自由の〕全体化の途上で生まれる悪の中の悪」(CI, 414) とは、一体どういうものか。「全体性の病」の「発端 (origine)」[10] (L3, 40) とも言うべき「その倒錯性の極致に達した悪」とは、一体どういうものか。リクールは、悪と希望の強固な連帯性を、悪が人間に対する「挑戦 (défi)」(L3, 20, 21) であるのに対して、希望は人間の側からのそれへの「応戦 (réplique)」(L3, 20, 21, 28, 40) であるという仕方で説明し、悪からの再生の手立てを供する、事実としての宗教がその触媒になると考える。では、その「挑戦」に対して人間が宗教を介して「応戦」すべき「悪の中の悪」、このリクール的意味での「根元悪」とは、一体どういうものか。

実はリクール自身、この「病」の様態やその最も深刻な容態について、詳しく説明している訳ではない。「希望による自由」と自ら規定する限りでの「宗教的自由」について、解釈学的思索の材料を集め、解釈学的枠組みを定めた上で、問題提起をしているだけのようにも見える。したがって我々自身の解釈を持ち込まざるをえないのだが、論文「希望による自由」（一九六九年）と論文「宗教の哲学的解釈学——カント」（一九九二年）を併せて読めば、またそこで触れられている諸々の文献を渉猟すれば、リクールが「宗教的自由の解釈学」という名の下で究明しようとしていた問題状況やその根幹部分を、読者が自分自身で再構成できるだけの材料や枠組みは与えられていることが分かる。この問題状況やその根幹部分を敢えて図式的に整理すると、以下のようになる。

理性批判の「内」（道徳性とそれに釣り合った幸福の必然的連結という意味での徳福一致と定式化される、個々人の究極目的としての最高善の教説）においては、超越論的錯覚に基づく（悪意ある政治指導者＝立法者の下での）僭主への偽奉仕、具体的には、国家組織における無自覚の強制労働が、「希望の病」、「全体性の病」の顕著な症状、病状である。また、理性批判の「外」（「神の民の一員に成る」（RGV, 96）という意味での「神に嘉される人間」（それによって浄福にも成る）に成ることと定式化される、共同体的な究極目的としての最高善の教説）においては、宗教妄想に基づく（悪意ある宗教指導者＝聖職者の下での）神への偽奉仕、具体的には、教会組織における無自覚の「呪物崇拝」[11]（RGV, 177, 179 ; cf. RGV, 180, 194）が、「希望の病」、「全体性の病」の顕著な症状、病状である。なお、理性批判の「内」においては、純粋理性の実践的判断力の弱体化と選択意志の性癖の汚濁（心情の不純さ）が、また、理性批判の「外」においては、純粋理性の理論的判断力の弱体化と選択意志の性癖の腐敗（心情の邪悪さ）が、この病の主な原因、病因となる。

では、この「病」の中でも最も病的な様態、リクールが「悪の中の悪」と呼ぶ〈問題中の問題〉とは何か。批判の「内」においては、すべてが意のままになるという意味での「幸福」（KpV, 124 ; cf. KpV, 110-111）に自分は既に与っている、ゆえに自らの道徳性に釣り合った幸福に値する人間になっている（最上善の成就）という錯覚、および「徳福一致の原理を含むもの」(KpV, 125 ; cf. CI, 411) としての神に自分は成った、ゆえに徳福一致の原理を含むものとしての全自然の原因、自然全体の叡知的創造者としての神は現存するものである (根源的最高善の成就) という錯覚である。我々の考えでは、この二重の錯覚は、実践的主体における偽りの全能感・万能感と表裏をなす極度の無力・無能の様態において見られており、最高善という実践的概念の規定 (道徳性の原理と幸福の原理の総合) において、その「範型 (Typus)」(KpV, 69) としての自然法則に対して「原型」とみなされる道徳法則が、(それとは似て非なるものである実定法との) すり換えおよび (徳福の) 秩序転倒によって実践的主体の奥深くへと隠蔽されることによって生起する。これを〈主観的自律即客観的他律とも言うべき仮象〉と表現しておきたい。

では、批判の「外」において、この「病」の中でも最も病的な様態、リクールが「悪の中の悪」と呼ぶ〈問題中の問題〉とは何か。自らの道徳的能力の欠如を補うべく、超自然的なもの・超感性的なものへの自然的・感性的手段による人為的な働きかけ、すなわち「呪物奉仕」(RGV, 179) によって「道徳的改善」(RGV, 88, 112, 142, 169, 198 ; cf. RGV, 44, 51, 73, 117, 121, 127, 198) に必要な高次の助力を呼び出すことに成功した、ゆえに自分は既に神の助力に相応しい人間、神に嘉される人間になっている (最上善の成就) という錯覚、および自分は今や神に「義〔罪なし〕」とされる人間になった、神によって負い目を赦免された、罪を赦された、つまりそこにおいて罪人が義人へと生まれ変わることができるとされる「神の国」に身を置いている、ゆえに「地上における神の国」(RGV, 93, 95 ; cf. KpV, 128, CI, 412, L3, 28) は既に到来している (派生的最高善の成就) という錯覚である。我々の考えでは、この二重の錯覚は、実践的主体における偽りの善良さ・誠実さと表裏をなす極度の偽善・欺瞞の様態において見られており (cf. RGV, 153, 170, 180, 189, 200)、格率という主観的な実践的原則を客観的な実践的法則である道徳法則に適うもの (合法則的なもの) へと仕上げるプロセスにおいて、この法則の意識が感情へと及ぼす「積極的な作用・効果」としての尊敬に対して「消極的な作用・効果」と言われる謙抑という道徳的感情が、(それとは似て非なるものである悲壮感との）すり換えおよび（動機の）秩序転倒によって実践的主体の奥深くへと隠蔽されることによって生起する。これを、〈主観的他律即客観的自律とも言うべき仮象〉と表現しておきたい。

興味深いのは、「希望の病」、「全体性の病」の最も病的な容態、「悪の中の悪」に相当する事態として、いわばその蓋に掛けられていた箍が外れることによってパンドラの箱が開き、箱の外へと諸悪が飛び出し、地上に悪が氾濫した「にもかかわらず」（L3, 20, 27 ; cf. CI, 400）、箱の底には最後に「希望（ἐλπίς, Elpis）」が残されている、そういうギリシア神話的な悪の起源説と同じ仕方で、「その倒錯性の極致に達した悪」が生起する事態をリクールが思い描いていたことである。言い換えると、「根元悪の告白と〔この悪からの意志の〕再生に向けた諸々の手がかりの受任の交錯」（L3, 21 ; cf. L3, 20, 32, 40）――悪が白日の下に曝されること（挑戦）と悪の成り立ちの一部を再生の手立てとして受け止めること（応戦）との絡み合い、選択意志の極度の無力化・無能化として現実化する根元悪の只中にこの同じ意志が再生する手がかりが埋め込まれていると気づくこと――とリクールが定式化する「希望の構造」（L3, 21, 34）が、その倒錯性の極致における悪の出来と同時に成立する、そういう事態をリクールが考えていたことである。一方で、根元悪が「真正の悪、悪の中の悪」として生起し、他方で、「希望の知解可能性」（L3, 40）がその実際の「知解」（CI, 402, L3, 40）として現実化する。氾濫する悪の只中で、最後に残された希望というものがいかなるものであるかが分かる、何への希望であるかがリアルに分かるという仕方で現実化するというのである。これは、パンドラという名の女性が開けた箱から地上にあらゆる悪が飛び出した後、箱の底に唯一残った希望（Elpis）のような境位・身分をもつものとしての希望に他ならない。絶望の只中に残された最後のありうべき希望という意味で、リクールが、「自由を介した希望の釈義」でもある「宗教的自由の解釈学」において最終的に描き出そうとしたこの希望を、復活・甦りという出来事が「為しうるという力の回復」（L3, 21 ; cf. L3, 28）・「善への根源的素質がその力を取り戻すこと」（RGV, 44）を意味する限りでの〈復活・甦りへの希望それ自体の復活・甦りへの希望〉と定式化できるであろう。

（二）「成就と全体化の問題系」である限りでの「悪の問題系」特有の困難——理性批判の「内／外」で問題となる「希望」についての省察に関して

このように、「根元悪というモチーフ」(L3, 21) との関係で「希望というモチーフ」(L3, 21) の重要さが明らかになるにつれ、カントの宗教哲学をめぐるリクールの解釈学的思索において賭けられていることもまた見えてくる。実際、カントにおける「宗教」の問い、言い換えると、欲求能力の影響から完全には免れることのできない有限な理性的存在者にとって問題とならざるをえない「希望」をめぐる問いの出所が、理性批判の「内／外」である以上、リクールが理解するところのカント宗教哲学、すなわち「宗教の〔あるいは希望の〕哲学的解釈学」もまた、理性批判の「内／外」にまたがって遂行されるはずである。だがそれでは、希望を主題とするこの哲学的解釈学そのものが分断されてしまう。しかもリクール自身、この哲学的解釈学が「その理論的意味においてもその実践的意味においても〔理性〕批判の延長ではない」(L3, 40) と明言しているのである。では、たんなる「延長」ではない仕方で、リクールがカントの主要著作を貫く一つの筋として見て取った「純粋理性の弁証論 - 実践理性の弁証論 - 宗教哲学」(CI, 405) という一連の思索のダイナミズムを、「宗教の〔あるいは希望の〕哲学的解釈学」というリクールのカント宗教哲学理解に反映させる方法はあるのか。ひいてはそれによって、この哲学的解釈学を自らの内に含むリクール自身の「宗教的自由の解釈学」にまで、上記のダイナミズムを保持する方法はあるのか。

我々の見るところ、「宗教的自由」をめぐるリクールの解釈学的思索にとって賭け金となるのは、理性批判の「内／外」に起源をもつ問いの中で話題となる希望についての省察を、このモチーフの起源に関していったん内容的に二つに分けた上で、両者を最終的に総合するような仕方で遂行しうるかどうかということである。言い換えると、超越論哲学の「内」で問題となる希望についての省察を行う際の〈視界〉に当たる（ゆえにこの視界がそこから見られこの視界の下で地続きになっている〈足場〉をも自らの内に含む）と同時に、超越論哲学の「外」で問題となる希望についての省察を行う際の〈足場〉にのみ当たる思索Aを、超越論哲学の「外」で問題となる希望についての省察を行う際の〈視界〉に当たる（ゆえにこの視界がそこから見られこの視界の下で地続きになっている〈足場〉をも自らの内に含む）思索Bから切り離し、徹頭徹尾、超越論哲学の枠内で展開される思索Aをまず独立させて遂行することができるかどうか。その上で、「宗教の〔あるいは希望の〕哲学的解釈学」という名のもと、思索Aという限定された〈足場〉から見られた固有の〈視界〉B'をもつ思索Bという形で、理性批判の「内」で問題と化す希望／理性批判の「外」で問題と化す希望をめぐる二つの省察を重ね合わせることはできるかどうかということである。

我々の見立てでは、「宗教の〔あるいは希望の〕哲学的解釈学」という名のもと、リクールは、一種の「宗教の批判（une critique de la religion）」（CI, 407）を〈足場〉（超越論哲学の枠内である純粋実践理性の弁証論）としつつ、そこから個人（有限な理性的存在者）の悪、いわば「宗教における悪〔古来、歴史的宗教が様々な形で問題にしてきた人間の悪行やこの世の災禍〕」（L3, 40）という意味での悪の問題系を経由して、「神に嘉される人間〔たんに法的に良い人間ではなく道徳的に善い人間〕」（RGV, 47 ; cf. RGV, 117）に成るという意味での幸福への——ただし究極的には、人間における徳の努力が不完全であるのを補うものとして神から授けられる高次の助力としての「恩寵」および神から義〔罪なし〕とされることとしての「義認」を得るという意味での浄福への——「希望」の問題圏域であると同時に、集団（倫理的共同体ないし神の民としての教会組織）の悪、いわば「宗教の悪〔悪行からの解放や災禍からの救済を、人間の道徳的改善によってではなく神の超自然的な援助を希う宗教的行為としての祭祀によってのみ成就させようとする歴史的な宗教教団がその組織や信仰のあり方に関して内包する悪〕」（L3, 40）という意味での「悪」の問題圏域でもある理性批判の外部領域を眺めやることによって、この〈視界〉(いずれも超越論哲学の枠外である根元悪論および教会信仰論)の下で遂行されるような「宗教の解釈学 (une herméneutique de la religion)」(L3, 40) を考えている。

しかし、こういう形で「宗教の〔あるいは希望の〕哲学的解釈学」の全体像を明らかにするためには、それより次数をひとつ下げる、そこから階段を一段降りるという仕方で、要するにその一歩手前に遡るという仕方で、「宗教の〔あるいは希望の〕哲学的解釈学」の〈足場〉に相当する「宗教の批判」に単独でスポットライトを当てる必要があるのではないか。そうでなければ、理性批判の「外」だけでなく「内」にも起源をもつ宗教の問い、「私は何を希望することが許されるか?」という問いを中心に形成されたカント宗教哲学の、全体的意義が見えてこないからである。そして、解釈学的手続きとして当初は(つまり論文「希望による自由」の段階では)不十分であったこの哲学的解釈学の全貌が見えてこない限り、当初の構想と補完された部分との総合によって新たに見えてくるべきものもまた見えなくなる。我々の考えでは、「宗教の〔あるいは希望の〕哲学的解釈学」(いわば広義の「宗教哲学 (la philosophie de la religion)」(L3, 21, CI, 405))が可能であるためには、それとの「推定された類似性・親近性 (affinité présumée)」(L3, 39, 40) を念頭に置いてのみ「宗教の解釈学」の全体像が描き出されるような、別の全体性をもつ「宗教の批判」(いわば狭義の「宗教哲学」)が必要不可欠である。というのも、我々がここで問題にしているのは、一方で、完全に超越論哲学の枠内で遂行される「宗教の批判」であり、他方で、これを〈足場〉として超越論哲学の枠外を〈視野〉に収めながら遂行される「宗教の解釈学」、そういうものとしての「宗教の〔あるいは希望の〕哲学的解釈学」だからである。またカント自身、自らの哲学的宗教論(とくに根元悪論以降の教会信仰論の部分)を練り上げる際、それに固有の思考法として、「〔理念やア・プリオリに関わる〕無歴史的な超越論的なものと〔その外部に当たる事実や経験に関する〕歴史的な宗教的なもの」(L3, 19 ; cf. L3, 35-36) との間の「推定された類似性・親近性」がその「始原〔作業原理〕」(L3, 39) となるような、「類推・類比の作業」(L3, 31 ; cf. L3, 30, 39, CI, 415 TE, 188, 194, 212) を採用していたからである。カントはこの思考法を「(説明のための) 類推・類比の図式論」(RGV, 65 ; cf. L3, 30-32, 35, 38, CI, 415) と呼んでいる。[12]

要するに、それとの「推定された類似性・親近性」に基づいてのみ、そしてそれを〈足場〉とすることによってのみ「宗教の解釈学」が遂行されうるような「宗教の批判」を遂行できるか否かに、リクールが理解するところのカント宗教哲学、すなわち「宗教の〔あるいは希望の〕哲学的解釈学」の遂行可能性が賭けられている。それゆえ結果的に、この哲学的解釈学を遂行することが可能か不可能かは、「宗教の〔あるいは希望の〕哲学的解釈学」を自らの内に含む限りでの「宗教的自由〔希望による自由〕の解釈学」をリクール自身が遂行する上での賭け金となるのである。したがって、「宗教の〔あるいは希望の〕哲学的解釈学」の全体像を明らかにするためには、その準備作業として、この哲学的解釈学の〈足場〉となるのが、いわゆる「仮象の論理学」(KrV, A61/B86) を足場 (超越論哲学の枠内である純粋理論理性の弁証論) としつつ、そこから最上善の完成という実践的課題に関する錯覚としての「錯覚」の問題系を経由して、自らの道徳性に釣り合った幸福への——ただし究極的には、自らの神聖性にもたらされるべき至上の幸福としての浄福への——「希望」の問題圏域であると同時に最高善の成就という実践的課題に関する錯覚としての「錯覚」の問題圏域でもある理性批判の限界領域を眺めやることによって、この〈視界〉(いずれも超越論哲学の枠内である純粋実践理性の分析論および弁証論) の下で遂行されるような「宗教の批判」であることを示す必要がある。しかし本稿の課題は、「宗教の解釈学」が〈足場〉とする限りでの「宗教の批判」の成り立ちに言及することによって「宗教の解釈学」の全体像を示すこと、言い換えると、「宗教的自由〔希望による自由〕の解釈学」(リクール) の一部を為す限りでの「宗教の〔あるいは希望の〕哲学的解釈学」(カント) の全貌を示すことであるから、「宗教の批判」に単独でスポットライトを当てその全体像を示すという作業は、また別の機会に委ねたい。ただし、「宗教の批判」と、これを〈足場〉とする「宗教の解釈学」との——そういうものとしての「宗教の〔あるいは希望の〕哲学的解釈学」との——近さと遠さ、連続性と非連続性を考える手がかりとして、次のことだけは確認しておきたい。その手がかりとは、リクールが簡潔に触れるに留めた「歴史上のキリスト教団と真の宗教の真の奉仕（culte）との間の〔……〕〔哲学的宗教論内部での異なる二つのモチーフの関係性ではなく、哲学的宗教論と理性批判という異なる二つの言説そのものの関係性を主題化できるようより一般化して言えば、歴史的な宗教的なものと無歴史的な超越論的なものとの間の〕推定された類似性・親近性」（L3, 39）である。この確認作業は、リクール自身による「宗教的自由の解釈学」に一貫性と纏まりを与える統一的表象を見出す上でも役立つであろう。

先に指摘したように、リクールは、カント的理性批判の「内／外」に起源を持つ限りでの「希望」について、錯覚と希望の問題圏域が同一であること、また、悪と希望とが分かちがたく結びついていることを主張している。その上で、理性批判の「内」なる希望が問題となる「宗教の批判」（狭義の宗教哲学）においては、希望を蝶番として、問題としての錯覚（徳福の総合の仕方に「欠落・欠陥」や「偽造・改竄」（CI, 414 ; cf. L3, 40）の形跡が認められる毀損された最高善、この場合は「根源的最高善」としての「神の現存」に関わる錯覚）へと問題としての悪（その隠蔽性の極致における悪という意味での「悪の中の悪」）が接ぎ木される場面を想定している。この場面は、実践理性の弁証論に固有の問題圏域、すなわち最高善という解決不能な問題がそこで生起すると同時に宗教の問いがそこで立ち上がる「矛盾葛藤の領野」で演じられることになる。なお、この領野として具体的に問題になるのは、「政治と宗教の圏域」（CI, 414）の内、「教会」（CI, 414, L3, 39）ではなく「国家」（CI, 414）の方である。逆に、理性批判の「外」なる希望が問題となる「宗教の〔あるいは希望の〕哲学的解釈学」（広義の宗教哲学）——「宗教の批判」を〈足場〉とする「宗教の解釈学」——においては、希望を蝶番として、問題としての悪（その倒錯性の極致における悪という意味での「悪の中の悪」）へと問題としての錯覚（徳福の総合の仕方に「欠落・欠陥」や「偽造・改竄」（CI, 414 ; cf. L3, 40）の形跡が認められる毀損された最高善、この場合は「派生的最高善」としての「神の国」に関わる錯覚）が接ぎ木される場面が念頭に置かれている。この場面は、根元悪論以降の教会信仰論に固有の問題圏域、すなわち最高善という解決不能な問題が再びそこで浮上すると同時に宗教の問いがそこで完遂する「矛盾葛藤の領野」で演じられることになる。なお、この領野として具体的に問題になるのは、「政治と宗教の圏域」（CI, 414）の内、「国家」ではなく「教会」の方である。

以上のことから見えてくるのは次のことである。純粋理論理性の弁証論で、超越論的錯覚の温床として「認識」の対象としてはいったん廃棄された「魂の不死」、「自由」、「神の現存」が、純粋実践理性の弁証論では、最高善という実践的概念の規定における「理性的信」（KpV, 144）の対象として、言い換えると、徳福の一致というカントが考えるところの道徳の究極目標の達成に不可欠な要件として再び呼び出されていた。それとちょうど同じように、純粋実践理性の弁証論で、超越論的錯覚の温床として「希望」の対象に留め置かれていた「最高善」——正確には、根源的最高善（世界創始者）としての「神の現存」に対する、派生的最高善（最善の世界）としての「神の国」——が、哲学的宗教論の教会信仰論では、「神の民の一員に成る」（RGV, 96）という意味での「神に嘉される人間」（道徳的に善い人間）に成ることというカントが考えるところの宗教の終極目的の成就に不可欠な要件として、「神の〔道徳的な〕民という理念」（RGV, 100 ; cf. RGV, 98））として再び呼び出されている。カントによると、上記の意味での最高善概念は、「最高の人倫的善」（RGV, 97）と表現される宗教の終極目的自身が出す要求、〈同一の目的に向けた一個の全体への、個々の人格の「統合」（RGV, 97, 101 ; cf. RGV, 131）〉という要求を受けて、後者の最高善概念のもとへ呼び出されたものである。しかもこれは、「無歴史的・超越論的」（L3, 19）な性格をもつ「〔神の道徳的立法下での〕倫理的公共体という理念」（L3, 39 ; cf. RGV, 100-101）でありながら、西欧の「歴史的・文化的産物」（L3, 38）であるキリスト教団が――あるいはむしろ、カントの生きた「近代」（L3, 39 ; cf. RGV, 131）という時代のキリスト教教会が歴史的な啓示信仰から純粋な宗教信仰への「漸次的移行」（RGV, 115 ; cf. RGV, 122, 153）の原理を最もよく地上に公に根づかせているという意味で、言い換えると近代のキリスト教教会において最もよく「真の（可視的な）教会」（RGV, 101 ; cf. RGV, 115, L3, 38）の徴表が認められる、聖書で語られるような「神の国の接近」（RGV, 115 ; cf. RGV, 131）の徴候が認められるという意味で、他ならぬこの可視的教会を通して見て取られた「真の教会という形象」（L3, 38）が――その「図式」として機能するような不可視の理念として、呼び出されているのである。なお、「最高の人倫的善（das höchste sittliche Gut）」（RGV, 97）という表現によって、カントはその実践哲学で課題となる個々人の究極目標としての「最高善（das höchste Gut）〔有限な理性的存在者がその完成に向けて各自で邁進し続ける徳（道徳性）とこれに釣り合った幸福の必然的連結という意味での徳福一致〕」（KpV, 110）と、その宗教哲学で課題となる「共同体的な〔終極〕目的」（RGV, 97）、「共同体的な善」（RGV, 97）としての「最高善〔神に嘉される人間に成る（それによって浄福にも成れる）という意味での神の民の一員と成ること〕」（RGV, 5）とを区別しているように見える。

リクールが、福音書で述べられる「神の国」（CI, 412, L3, 40）の哲学的近似値を「最高善〔という実践的概念における徳福〕の超越論的総合」（CI, 412）とみなしていること。またカント自身、「神の国」（KpV, 128, 137, RGV, 101, 115, 151）を、そこにおいて意志の規定根拠および究極目標が自然界の原理および目的と一致するような、すなわちそこにおいて道徳性と幸福との連関が必然的であるような「最善の世界」としての「派生的最高善」（KpV, 125, 128 ; cf. RGV, 5, 97, 139, 182）と同一視していること。さらにカントの主張によれば、理想的な「最善の世界」としての神の国、言い換えると「神の〔道徳的な〕民という理念」ないし「〔神の道徳的立法下での〕倫理的公共体という理念」を透かし見させるのが、近代という時代の（カントにとっては「現代の」）キリスト教教会であること。正確には「教会という感性的形式で表彰された」(RGV, 152) を通して不可視の理念である神の国を透かし見させるような仕方で、真の宗教信仰の萌芽がそこに植え付けられたこの歴史的に実在する教会において「〔神に嘉される人間に成る(それによって浄福にも成る)という意味での、神の民の一員に成るという共同体的な目的に向けて〕すべての人間を永久に統合するような教会」(RGV, 131 ; cf. L3, 38-39, RGV, 100-102) が立ち現れており、後者の教会が、本来は「不可視な神の国の、地上での可視的表象(図式)」(RGV, 132) として機能していること。以上の点を考慮するならば、カントの批判哲学において問題となる「最高善」という無歴史的理想と、カントの宗教哲学において問題となる「教会」という歴史的実在とが、「世界における最高善の実現」(KpV, 122 ; cf. RGV, 5) という理念を出発点として、この理念がおそらくは〈地上への神の国の到来〉という聖書的表象との接近において受けた「衝撃」を反映してそれへと鋳直された「地上での神の国の建設」(RGV, 93, 95) という理念、さらにはその「反動・揺り返し」の下で見出された「神の〔道徳的な〕民という理念」(RGV, 100) および「〔不可視的教会と言われる〕神の道徳的立法下での倫理的公共体」(RGV, 101 ; cf. RGV, 98) という理念を経由して、最終的に両者が、「〔地上への〕神の国の接近」(RGV, 115 ; cf. RGV, 101) を意味する「真の〔可視的な〕教会」という図式において結びついていることが分かる。

要するにカントの考えでは、キリスト教信仰を持つ者がその地上への到来をひたすら願うところの「神の国」(RGV, 101) は、純粋理性信仰を持つ者にとってはその地上での建設を「目指すべきもの (visée)」(L3, 36, 40 ; cf. CI, 406, 407) であって、それは、〈地上への神の国の到来〉という観念が新約聖書の福音書からカントの批判書へともたらされた触媒であり「世界における最高善の実現」という理念を「地上での神の国の建設」という理念へ、さらには神の民および倫理的公共体という理念へと改変する限りにおいて、純粋理性の要求する全体性・完備性を体現する二つの事柄、すなわち理性批判における個々の人間の理念的な実践的課題としての「最高善」と、哲学的宗教論における善き心術を抱く人間たちの理想的な協働的課題としての「最高の人倫的善」との、接点（カント批判哲学とカント宗教哲学の繋ぎ目）になっている。他方でそれは、「地上での神の国の建設」という理念と一面で同種的な「地上への神の国の接近」という表象がカントの批判書からその宗教論へと送り込まれた図式であり「真の（可視的な）教会」という媒介的表象として機能する限りにおいて、最高の人倫的善という共同体的な目的の下に集うすべての公正な者たちの（互いの不十分な力を補い合うという意味で）理想的な統合としての「不可視的教会」(RGV, 101) と、この理想に合致するような一個の全体への善き心術を抱く者たちの現実的な統合としての「可視的教会」(RGV, 101) との、接点（カント宗教哲学における概念と直観の繋ぎ目）になっているのである。前章で指摘したように、モルトマンに代表される「宣教者と神学者の言説」においても、聖書に起源をもつ「神の国」という観念が重要な意味を持っていた。以上のことを念頭に置くならば、リクールがその側に与する「哲学者の言説」内部で特異な位置取りや役割を担う「神の国」という聖書的表象（最高善を主題とする実践理性の弁証論および教会信仰論に関わる）は、「救い主」という聖書的表象（最上善を主題とする実践理性の分析論および根元悪論に関わる）と同様、リクール自身による「宗教的自由の解釈学」の導きの糸となる統一的表象として、常に注視すべきものであると言えよう。

結びに代えて――今後の見通しと共に

本稿では、リクールが約四半世紀の時を超えて、論文「希望による自由」（一九六九年）、およびその続編に当たる論文「宗教の哲学的解釈学――カント」（一九九二年）を通して提示した「宗教的自由の解釈学」の成り立ちを明らかにすることを試みた。具体的には、リクールがカントの理性批判と哲学的宗教論、さらにモルトマンによる復活・甦りの解釈学を主な触媒として構想した「宗教的自由の解釈学」の概要を、この解釈学に固有の「方法」と

「問題系」という観点から示した。実を言えば、以上の考察は、論者が段階を追ってさらに展開したいと考えている研究の第一段階となるものである。本稿を閉じるにあたって、今回論じた内容をあらためて整理した上で、さらに続くべき段階についての現段階での見通しを簡潔に記しておきたい。そのことによって、本稿の問題提起と考察を通して開かれるべき問いの地平が、いくらかなりとも予示されることを期するからである。

「宗教的自由の概念」をめぐるリクールの解釈学的思索の方法は、「哲学者のアプローチ」と呼ばれるものであった。このアプローチの本質は、或る異質な二つの言説を「近づけ」――あるいはむしろ「〔一方の言説の側から他方の言説〕へと近づき」――この接近および隣接によって一方の言説が他方の言説から受けた「衝撃」を聴き取ること、また、そこからの「反動・揺り返し」によって一方の言説内部で生じた「意味上の効果」や「意味の再編成」の動きを見て取り、他方の言説で重要な意味をもつモチーフAの、一方の言説における等価物A'、つまり「近似値」を探し出すことにあった。リクールの場合、このアプローチを通して最終的に探し当てるべきは「宣教者と神学者の言説」に登場する重要なモチーフAの、「哲学者の言説」における等価物A'、すなわち「哲学的近似値」である。リクールは「純粋理性の弁証論‐実践理性の弁証論‐宗教哲学」というカントの一連の思索のダイナミズムに視線を投じつつ、『純粋理性批判』・『実践理性批判』を経て『たんなる理性の限界内の宗教』という著作の形で結実したカントの哲学的宗教論を「宗教の〔あるいは希望の〕哲学的解釈学」として理解する。この哲学的解釈学という「哲学者の言説」内部に自ら身を置き、リクールはそこから、『希望の神学』のモルトマンが提示した「復活・甦りの解釈学という言説」へと接近する。この意味での「宣教者と神学者の言説」に登場する重要なモチーフAとは、「復活・甦りの宣教」と「復活・甦りへの希望」である。これらの哲学的近似値A'を、自らその内に身を置くカント的「宗教の〔あるいは希望の〕哲学的解釈学」の中に探し求めることが、「希望による自由」と自ら規定する「宗教的自由の概念」をめぐるリクールの解釈学的探究の方法であった。

「宗教的自由の概念」をめぐるリクールの解釈学的思索の問題系とは、「悪の問題系」、正確には「成就と全体化の問題系」と呼ばれるものであった。問題系（主題、問いかけ、問題、賭け金、主導理念、プランの提示から成る）とは一般に、哲学的思索を始動させる原動機（モーター）のような意義をもつものであるが、本稿では、前述のリクールの二論文およびそこで言及される諸々の文献を参照して、リクールが必ずしも明示している訳ではない「宗教的自由の解釈学」に固有の問題系を練り上げた。リクールの言う「成就と全体化の問題系」で文字通り問題と化すのは、実践理性の分析論で義務の概念との関係で主題化される「その最初の規定〔純粋実践理性による選択意志の規定〕における自由」ではなく、実践理性の弁証論で最高善の概念との関係で主題化される「その全体化〔純粋意志の目標および純粋意志という境地の全体化〕のプロセスにおける自由」であり、後者の自由の転倒・倒錯が、「全体性の病」と表現される。全体性の病とは、批判哲学の弁証論／宗教哲学の教会信仰論で共通して指摘される人間理性の「自然的性癖」――自らの限界を踏み越えて道を踏み外すという性癖――に由来する「完備性」への強い志向の只中で、有限な理性的存在者の実践的自由が罹患する「病」である。またこれは「希望の病」とも表現されていた。というのもそれは、カントの理性批判の「内／外」、すなわち第二批判の弁証論／根元悪論を経て教会信仰論で生まれたカントにおける宗教の問い、「私は何を希望することが許されるか？」という問いに起源をもつ限りでの希望、意欲の一形態である希望というはたらきが罹患する「病」でもあるからである。一種の隷属状態に置かれた人間の選択意志を解放すること。その囚われの自由に「為しうる自由」を、もっと言えば「善意志たりうる自由」である限りでの「自由という身分・境位」を取り戻させること。本稿ではそれが、リクールによる「宗教的自由の解釈学」の課題であることを示した。また、そうしてその「現事実的なリアリティ」を取り戻した自由、しかもその回復が、病んだ希望の復調・快癒の宣言と同時的であるような自由こそ、リクールがその哲学的等価物を探し求める「宗教的自由」、「宗教的自由の解釈学」の主題となる「希望による自由」なのである。さらに以上のことから、リクールが同じくその哲学的等価物を探し求める「復活・甦りの宣教」という聖書的モチーフが、リクール的「宗教的自由の解釈学」に固有の問題系である「成就と全体化の問題系」に照らすと、〈病んだ希望自身による自らの快癒・復調の宣言であり、死せる自由の復活・甦りと表裏をなすもの〉という独自の意味規定を受けることも指摘した。だからこそ、キリスト教的宣教は、「宗教的自由の概念」をめぐるリクールの解釈学的探究において「希望の〔または自由の〕宣教」と言い換えられているのである。

以上が、本研究「希望の哲学的解釈学による自由の解釈学的哲学——リクールのカント宗教哲学理解とその活用の仕方をめぐって」の問題提起、およびそれを受けての第一段階の考察に相当する部分である。これに続いて、筆者はさらに第二段階と第三段階の考察を展開しなければならないと考えている。最後にその内容を予告する形で、本稿が着手した課題の全体像を描いておきたい。

本稿の考察に続く第二段階では、リクールの「宗教的自由の解釈学」構想におけるカント的「宗教の〔あるいは希望の〕哲学的解釈学」の位置と役割、言い換えると、宗教的自由をめぐるリクールの解釈学的探究における、リクール的規定を受けたカントの哲学的宗教論の位置と役割を明らかにする予定である。具体的には、まず、カントの理性批判との関係で、この哲学的解釈学を実践理性の弁証論から始まる「希望の病理学」の一部をなすものとして示し、次に、キリスト者の宣教およびモルトマンによる復活・甦りの解釈学との関係で、この哲学的解釈学を実践理性の弁証論にて終わる「希望の宣教」の一部をなすものとして示す。我々は先に、リクールが理解するところの『たんなる理性の限界内の宗教』、すなわちカント的「宗教の〔あるいは希望の〕哲学的解釈学」の成り立ちを次のように説明した。これは、一種の「宗教の批判」を〈足場〉（超越論哲学の枠内である純粋実践理性の弁証論）としつつ、そこから個人（信仰者）の悪、いわば「宗教における悪」という意味での「悪」の問題系を経由して、「神に嘉される人間」に成るという意味での幸福への——ただし究極的には、人間における徳の努力が不完全であるのを補うものとして神から授けられる高次の助力としての「恩寵」および神から義（罪なし）とされることとしての「義認」を得るという意味での浄福への――「希望」の問題圏域であると同時に、集団（宗教団体）の悪、いわば「宗教の悪」という意味での「悪」の問題圏域でもある理性批判の外部領域を眺めやることによって、この〈視界〉（いずれも超越論哲学の枠外である根元悪論および教会信仰論）の下で遂行されるような「宗教の解釈学」である、と。付言するなら、リクール解釈学の圏内に入ることによって、実践理性の弁証論から教会信仰論へと到るカント哲学の行程は、いわば〈基礎〔医学〕〉から〈臨床〉の領域に移し置かれることになる。これは、「希望の病」の原因や症状を究明するだけの「希望の病理学」が、「希望の病」の診断や治療に従事するようになる、〈希望の治療法〉という意義をもつようになることを意味する。その一方で、リクール解釈学の圏内に入ることによって、教会信仰論から実践理性の弁証論へと還るカント哲学の行程は、いわば〈〔キリストの顕現を意味する〕公顕（épiphanie）〉から〈〔キリストの復活を告知する〕宣教（kérygme）〉の領域に移し置かれることになる。これは、「希望の形象」（CI, 414）の偶像化や形骸化を促進するだけの〈希望の〔形象であるイエス‐キリストの〕公現祭〉が、「希望の形象」の探索や蘇生に従事するようになる、〈希望の〔形象であるイエス‐キリストの〕復活祭〉という意義をもつようになることを意味する。

最後の第三段階の考察では、第二段階でその輪郭と内実が描き出された「宗教の〔あるいは希望の〕哲学的解釈学」（カント）の側から照射するという仕方で、この哲学的解釈学を自らの内に含む「宗教的自由の解釈学」（リクール）の内的構造を解明する予定である。先に、実践理性の弁証論から教会信仰論へと到るカント哲学の行程が、リクール解釈学の圏内に入ることによって、診断や治療が課題となる〈臨床〉の領域に移し置かれる、〈希望の治療法〉という意義をもつようになると指摘した。それを受けて、考察の最後の段階では、「宗教的自由の解釈学」において問題となる、一方で治療者と被治療者の関係（いわば物語の作者の次元）、他方で診断者と被診断者の関係（いわば物語の登場人物の次元）、さらにこれら二つの関係が関係する仕方に焦点を当てて、この解釈学の内的構造を明らかにする。まず、診断者と被診断者の関係に対するメタ的視点として、治療者（リクール）と被治療者（エルピス）の関係を考える。作者としての医者（治療者リクール）から患者（被治療者エルピス）への関係性として主題化されるのは、第一に、理論理性の弁証論を足場とする解釈者リクールから批判の内部で病んだ希望（自由／魂の不死、神の現存を期待・待望する仕方に関して）への眼差しであり、第二に、実践理性の弁証論を足場とする解釈者リクールから批判の外部で病んだ希望（高次の助力としての恩寵／罪の赦しとしての義認を期待・待望する仕方に関して）への眼差しである。逆に、箱の底に最後に残った希望（復活・甦りへの希望それ自体の復活・甦りへの希望）という意義をもつ、作者としての患者（被治療者エルピス）から医者（治療者リクール）への関係性として主題化されるのは、第一に、教会信仰論を足場とする被解釈者エルピスから根元悪論において問題となる選択意志の復活・甦りへの希望の可能性への眼差しであり、第二に、根元悪論を足場とする被解釈者エルピスから実践理性の弁証論（純粋実践理性の要請、とくに「自由の要請」）において問題となる選択意志の復活・甦りへの希望それ自体の復活・甦りという出来事への眼差しである。次に、こうした治療者（リクール）と被治療者（エルピス）の関係と並行的に見られた、診断者と被診断者の関係を考える。登場人物としての医者（診断者）から患者（被診断者）への関係性として主題化されるのは、第一に、理論理性の弁証論を足場とする解釈者（第一批判の弁証論における純粋理性の理論的判断力）から被解釈者（第二批判の分析論および弁証論における純粋理性の実践的判断力）への眼差しであり、第二に、実践理性の弁証論を足場とする解釈者（第二批判の弁証論における選択意志の性癖（心情の不純さ））から被解釈者（根元悪論および教会信仰論における選択意志の性癖（心情の邪悪さ））への眼差しである。逆に、登場人物としての患者（被診断者）から医者（診断者）への関係性として主題化されるのは、第一に、哲学的宗教論の第一編を足場とする被解釈者（根元悪論における選択意志の性癖（心情の邪悪さ）から解釈者（第二批判の弁証論および分析論における選択意志の性癖（心情の不純さ）への眼差しであり、第二に、実践理性の弁証論および分析論を足場とする被解釈者（第二批判の弁証論および分析論における純粋理性の実践的判断力）から解釈者（第一批判の弁証論における純粋理性の理論的判断力）への眼差しである。なお、診断者と被診断者の関係において問題となるのは、「他者としての自己自身」に対する双方向的視点である。例えば、その心情の不純さにおける選択意志とその心情の邪悪さにおける選択意志について、他者（性癖の倒錯モードが不純さ）が自己（性癖の倒錯モードが邪悪さ）を解釈するように。逆に、他者によって解釈された自己（性癖の倒錯モードが邪悪さ）が、まだ解釈されていない他者（性癖の倒錯モードが不純さ）を解釈するように。

我々の見立てでは、以上の考察を経て最終的に見えてくるべきものとは、リクールによる「宗教的自由の解釈学」は、二人の診断者、すなわち第一批判の弁証論における純粋理性の理論的判断力（錯覚の問題系に属する）と、哲学的宗教論の根元悪論における選択意志の性癖（心情の邪悪さ）（悪の問題系に属する）という二つの視点からの視線の重なり合いによって、第二批判全体を場として遂行されるということである。前者の診断者の眼差しは第二批判の弁証論にまで届いており、後者の診断者の眼差しは、第二批判の分析論にまで届いている。宗教的自由をめぐるリクールの解釈学的探究を牽引する「問題」が、錯覚から悪へ／悪から錯覚への縦横無尽な振れ幅を持っているのは、こういう事情によるものであると、我々は見通しを立てている。

略号

Kant, Immanuel

KrV : *Kritik der reinen Vernunft*, in : Akademie-Ausgabe (*Kant's gesammelte Schriften, herausgegeben von der Königlich Preussischen Akademie der Wissenschaften*, Berlin, 1900ff.), Band III, 1911, Band IV, 1911.

KpV : *Kritik der praktischen Vernunft*, Band V, 1913.
RGV : *Die Religion innerhalb der Grenzen der bloßen Vernunft*, Band VI, 1914.

Moltmann, Jürgen
TE : *Théologie de l'espérance. Études sur les fondements et les conséquences d'une eschatologie chrétienne*, 8e éd., Munich, Chr. Kaiser Verlag, 1969 [1964], trad. fr. F. et J.-P. Thévenaz, 4e éd., Paris : Cerf, 1983 [1970].

Ricœur, Paul
CI : « La liberté selon l'espérance » (1969), in : *Le Conflit des interprétations. Essais d'herméneutique*, Paris : Seuil, 1969, p. 393-415.
L3 : « Une herméneutique philosophique de la religion : Kant » (1992), in : *Lectures 3. Aux frontières de la philosophie*, Paris : Seuil (coll. « Points Essais »), 2006, p. 19-40.

注

（1）リクールの生涯や思想の全体像、とりわけリクールの「解釈学的哲学」の成り立ちをめぐる丁寧な論点整理と行き届いた考察については、次の二論文が大いに参考になる。杉村靖彦「Ⅷリクール」『哲学の歴史』第一二巻 実存・構造・他者【二〇世紀Ⅲ】、鷲田清一編、中央公論新社、二〇〇八年、五一九-五五五頁、杉村靖彦「第8章 リクールの哲学史的位置づけ――「フランス反省哲学」からの由来とその展開――」『現代の哲学――西洋哲学二千六百年の視野より』、渡邊二郎監修、哲学史研究会編、昭和堂、二〇〇五年、二六七-二〇九頁。

（2）ここでの歴史的宗教は、「礼拝宗教」(RGV, 103, 106, 115 ; cf. RGV, 51, 124)・「歴史的信仰」(RGV, 103, 118 ; cf. RGV, 124)・「法規的教会信仰」(RGV, 106, 108, 123 ; cf. RGV, 122, 125) の顕著な事例であるユダヤ教と、これに対して「純粋道徳宗教」(RGV, 103, 117 ; cf. RGV, 51, 84, 112, 124)・「純粋理性信仰」(RGV, 103, 138, 163 ; cf. RGV, 124)・「純粋宗教信仰」(RGV, 102, 105, 115, 118, 182) の具体例となりうるキリスト教をとくに指している。のちの宗教学的分類によれば、どちらも啓示宗教でありながら、特定の民族の存続や救済を志向する「民族宗教」に留まったユダヤ教に対し、普遍的に個人の信仰と救済に関わる「世界宗教」（RGV, 168）と成りえたキリスト教が、カントの術語では「歴史的な（啓示）信仰」（RGV, 102）と「たんなる理性信仰」としての「純粋な宗教信仰」（RGV, 102）との対比で問題になっているとも言える。世界宗教と民族宗教の区別については、佐々木宏幹「第1章　宗教現象の諸形態」『宗教学』、小口偉一編、弘文堂、一九八一年、七-四〇頁より、一〇-一七頁を参照。ただし、カントはキリスト教についても、法規的法則に基づいて人間の手で創立された組織としてのキリスト教教会が、絶えず純粋理性信仰に接近し時と共に教会信仰を不要にできるという原理を含む限りにおいて、つまり組織の最終目的である「公の宗教信仰」（RGV, 152, 153）へと不断に接近するという格率を含む限りにおいて、この教会は「真の教会」（RGV, 153 ; cf. RGV, 122）たりうる、その場合にのみキリスト教は純粋理性宗教とみなされうる、という留保を付している。すべての宗教について、カントは「恩寵誓願宗教（たんなる祭祀だけの宗教）」（RGV, 51）と「道徳的宗教（よき生き方の宗教）」（RGV, 51）との区分を考えているが、これは歴史的諸宗教一般の分類法としても、ひとつの歴史的宗教の内在的なあり方の指標としても使える対概念である。

（3）『新約聖書』「コリント人への第一の手紙」一五章二〇-三四節「死者の復活について」を参照。

（4）『旧約聖書』「創世記」で述べられるように、最初の人アダムの犯した罪を通してすべての人が罪ある状態に置かれることになった、すなわち一人の人間を通して全人類が「罪人」となった。パウロの言い方では、「死が一人の人間を通して生じ」、「アダムにおいてすべての者が死ぬ」（『新約聖書』「コリント人への第一の手紙」一五章二一節および二二節）ことになった。そのロジックで言うと、逆に、「彼〔イエス〕一人において、すべての者に向けて・すべての者のために死者たちの復活・甦りが既に実現されている」（TE, 208 ; cf. CI, 397）ということになる。パウロの言い方では、「一人の人間を通して死者たちの復活・甦りも生じ」、「キリストにおいてもまた、すべての者が生きるようにさせられる」（『新約聖書』「コリント人への第一の手紙」一五章二一節および二二節）ということになる。以上が、『新約聖書』で明らかにされる、神の子イエスを介した神による全人類の救済（罪の中にある状態からの解放、無罪放免という意味での自由）の構造である。

（5）杉村靖彦「悪・赦し・贈与——リクールとデリダの最後の論争」大谷大学『宗教学会報』第一五号、二〇〇六年、三三-六五頁より、ここでは四〇頁を参照。

（6）Cf. Jacqueline Russ, *Les méthodes en philosophie*, 2e éd., établie par France Farago, Paris : Armand Colin, 2008 [1992], p. 31-50.

(7) 我々の見るところ、リクールが「全体性の病」と呼ぶ問題状況を、同じく現代フランスの哲学者であるエマニュエル・レヴィナス（一九〇六‐一九九五）は、「全体性の非‐暴力」（TI, 16）と呼んでいる。レヴィナスの言う「非‐暴力」とは、国家の暴政において初めて目に見える仕方で露わになる暴力がその源であるような、平時の国家体制が孕む「暴力」である。こうした奇妙で屈折した表現によってリクールとレヴィナスが問題にしようとしている悪や暴力は、直接的には、彼ら自身が二度の世界大戦中に経験した事柄を指していると考えられる。戦時体制下におけるドイツ、イタリア、日本の全体主義や、「国家総動員法」と言う時の動員（国家によるあらゆる人的・物的資源の統制運用）等がその具体例である。ただし、米ソの冷戦時代から現代にかけて全面的かつ根本的にハイテクノロジー化した、いわば「クリーン」で人為的要素が一切介在する余地のない国家間紛争ではなく、第二次世界大戦中のリクールやレヴィナスの従軍経験に認められるような、戦闘員の攻撃性／対話性、戦時体制の集団性／個人性、戦闘形態の非人格性／人格性、戦略の硬直性／柔軟性などの相反する要素が戦場で泥臭く入り乱れた状況を鑑みるに、現代のインターネット社会における誹謗中傷や同調圧力もまた、同じ問題事象に属すると言えるのではないか。レヴィナスはこうした事態を「戦争と全体性の経験」（**Emmanuel Lévinas, *Totalité et Infini. Essai sur l'extériorité*, 4e éd., La Haye : Martinus Nijhoff, 1984 [1961], p. XII**）と表現する。レヴィナスの考えでは、戦闘行為には少なくとも人と人との間の関わり合いが存在しうるのに対し、全体主義には存在しない。しかし、あの大戦下では両方が切り離しえない仕方で起こった。そういう含意の込められた表現である。リクールはこうした事態を「犯す悪／被る悪」という座標軸を持ち込んで考察しようとする。その派生形として、レヴィナスが考えようとしていた問題状況を考慮するなら、個人の悪／集団の悪、さらには、一回的な悪／反復的な悪という座標軸を設定することも可能であろう。本研究の最終的な狙いは、リクールやレヴィナスの思想から見て取った、彼ら自身の「戦争と全体性の経験」を、現代の我々自身の問題状況に照らして哲学的に反省することである。

(8) 本稿では、最上善という概念の厚みを示すべく、道徳的完成を目指す有限な理性的存在者の実践的努力を説明する際、「スタートライン／ゴールライン」、「下限／上限」という対義語を用いた。以下の文献の巻末に付された用語解説集の内、「Archétype (*Archetypon, Urbild*)」の項では、この同じ事態について「模型（ectype）／原型（archétype）」の語が使われている。Cf. Mai Lequan, *La philosophie morale de Kant*, Paris : Seuil (coll. « Points Essais »), 2001, p. 489.

(9) 「悪と希望」（CI, 414）という二つのモチーフの結びつきの強さを指摘する際、リクールの念頭にあったのは、ギリシア神話における「パンドラの箱」の物語ではないか。パンドラという名の女性が、それを与えたゼウスの禁を破って開けた問題の箱から、人類に災いをなす諸悪が地上に飛び出した。それらに押しのけられて最後に箱の底に残っていたとされるのが、「エルピス（ἐλπίς, Elpis）」（希望、あるいは期待・予兆と翻訳されるが、「のろい」、「情けない」、「ぐずぐずして思い切りの悪い」等、否定的な修辞を付されることが多い）である。この神話的表象に、本研究では、カントにおける「道徳的感情」（KpV, 75）（謙抑／尊敬）の一方の極、「消極的な」実践的感情としての「謙抑」を重ねて見ている。リクールが自らのイメージの出所を明言していないのは、西洋の知識人にとってのギリシア・ローマ神話が、精神的土壌ないし古典的教養として、とくに言及するまでもなく参照すべき歴史的・文化的共有財産であったからではないか。それはちょうど、近現代の日本人が、古代中国における出来事から生まれた故事成語（例えば「矛盾」）を、もとのエピソードを知悉していなくとも、史実としての真偽が確定されなくとも、そこから得られる教訓や英知を尊重して慣用句として使いこなすのと同じ事態であろう。高津春繁『ギリシア・ローマ神話辞典』岩波書店、一九六〇年、マイケル・グラント、ジョン・ヘイゼル『ギリシア・ローマ神話事典』西田実ほか訳、大修館書店、一九八八年の「パンドラ（Pandora）」の項を参照。また、呉茂一『ギリシア神話』新潮社、一九六九年、三七－三八頁を参照。

(10)　ここでリクールが用いる「起源（origine）」という語は、カントが「人間本性における悪の起源」をめぐって「理性起源」と「時間起源」（RGV, 39）の二つの可能性を挙げつつ、時間起源である可能性を否定する一方（cf. RGV, 41）、理性起源であるにしても「この悪への性癖の理性起源は我々にとってあくまでも究めがたい」（RGV, 43）という慎重な姿勢を取った経緯を思い起こさせる。リクールもまた、「悪の中の悪」、「その倒錯性の極致に達した悪」ということで、「希望の病」ないし「全体性の病」の時間起源を考えている訳ではないことは確かである。

(11)　「呪物崇拝」ないし「呪物奉仕」（RGV, 179）は、理性信仰に対してカントが「私たちに可能な理性の限界の踏み越えの妄想信仰」（RGV, 194；cf. RGV, 52-53）と呼ぶものの、第三の形態に相当する。そこで問題と化すのは、「神が私たちの人倫性におよぼす影響を、たんなる自然手段の使用によって産出できるという妄想」（RGV, 194；cf. RGV, 52-53）である。カントはこの意味での妄想信仰を「恩寵手段への信仰」（RGV, 194）とも表現する。そもそもカントは、啓示信仰を純粋理性信仰に、法規的信仰を道徳的な宗教信仰に優先・先行させる振る舞い、言い換えると、教会の「奉仕（Dienst, *cultus*）」が教会信仰の歴史的および法規的な部分に縋るだけで浄福に成れるという考えの下で実施されることを「偽奉仕（Afterdienst, *cultus spurius*）」として戒めている。いわば本来の目的地に辿り着くまでの「乗物」(RGV, 118, 123) に過ぎないものを、あたかも目的地であるかのように重視すること、要するに「手段 (Mittel)」(RGV, 153, 165, 170, 172, 175, 177, 178, 192, 193, 197, 201) でしかないものに「目的 (Zweck)」(RGV, 165, 170, 175, 176, 197) としての価値を付与することを「宗教妄想」と呼び、これに従うことを「神への偽奉仕」と規定するのである (cf. RGV, 165, 168, 170)。「嘆願の呪文や報酬信仰の告白や教会の典礼などなど〔の自然的・感性的手段、あるいは僭越にも超自然的・超感性的と思い込まれた自然的・感性的手段〕によって、自分は超自然的なものを引き寄せて、そのようにして神性の援助をいわば魔術的に呼び出せるという妄想」(RGV, 178) と言われるように、ここではとくに「祭祀 (Kultus)」を「恩寵〔を召喚するため〕の手段」(RGV, 52, 192, 194, 199, 200, 201) とみなし、これを「超自然的な道徳的影響」(RGV, 194) すなわちイエスによる全人類のための「身代わりの贖罪」(RGV, 118 ; cf. RGV, 116) の効果、罪責抹消の有効性が遂に我が身にも及んだという意味での「恩寵の作用」(RGV, 52, 53, 174, 194, 201) ではなく、「神との交わり」(RGV, 174, 201) という意味でのそれと直ちに同一視して、「よき生き方」や自らの「道徳的改善」を一切志向しないこと。これが、「神御自身から求められる真の奉仕の正反対」(RGV, 168)、〈宗教妄想に基づく神への偽奉仕〉として問題になっているのである。その一形態としての呪物奉仕であり、「恩寵誓願宗教（たんなる祭祀だけの宗教）」のいわば倒錯的形態に当たる呪物崇拝と対立するのが、「道徳的宗教（よき生き方の宗教）」が教会組織を通して公となりしかも地上に遍く行き渡った段階、理性信仰の最終形態としての「普遍的理性宗教」(RGV, 122 ; cf. RGV, 153) であると言えよう。

(12)「或る非時間的な原理と或る歴史的実在との間に推定される何らかの類似性・親近性」(L3, 39 ; cf. L3, 38, 40) を〈もと〉にした「類推・類比」による図式化の事例として、「キリストという形象 (figure)」(L3, 29-32, CI, 415) を挙げることができる。注意すべきは、「想像力が或る概念にその像 (Bild, image) を宛がう一般的方法の表象」(KrV, A140/B179-180) という「図式」の注意深い規定が示唆するように、「類推・類比の図式論」において、概念に対応する直観の「単なる例示」(L3, 32) が行われている訳ではないということである。重要なのは、概念の次元／直観の次元でそれぞれ問題になる「諸々の関係間の〔次元を超えた〕類似・相似」(L3, 31) である。上記の例で言えば、悪の原理との抗争の内にある善の原理という哲学的表象に対する「神に嘉される人間という理念〔ないし理想〕」(L3, 30) の関係（概念の次元）は、『旧約』の神（唯一神ヤハウェ）がかつて地上へ送り込むと約束した人類の救い主・救世主という宗教的表象に対するナザレのイエスという歴史上の人物の関係（直観の次元）と類似・相似している。こうした構図が最初にあって、その上で、十字架上で死した後に甦ったとされるイエスにおいて・を通して「神に嘉される人間の原型」(RGV, 119, L3, 29)

や「善き心術の原型」(L3, 30)〔要するに「悪の原理」に対する「善の原理」の典型〕を見やる行為が可能になる。実はそこでは、像（Bild）から原像（Urbild）への志向において立ち上がってくるキリストという純粋表象が、悪の原理との戦いの内にある善の原理（概念）とナザレのイエス（直観）の間の「媒介的表象」(KrV, A138/B177) になっているのである。ただし、イエスにおける受難と復活の出来事を重視するなら、キリストという形象はむしろ、「人間に対する支配をめぐっての善の原理による悪の原理との戦い」(RGV, 57) という概念の「図式」として機能していると言った方がよいかもしれない。正確に言うと、それは、人間の力を超えた二つの対立する「力能間の闘争」(L3, 29) という仕方で演劇的に理解するしかないものの、本当は人間の心の中で演じられているこの「葛藤・相克そのもの」(L3, 29)、善悪二つの原理の「実在的葛藤・相克」(L3, 29) という概念の「図式」なのである。キリストという形象に対して、「〔キリスト教の〕教会という形象」(L3, 36 ; cf. L3, 38) は、それが「真の〔可視的な〕教会」(RGV, 101)、すなわち「地上での〔道徳的な〕神の国を、人間になしうる限りで現示しているような教会」(RGV, 101) でありキリスト者たちの理想的な倫理的共同体の出現を意味する限りにおいて、「悪の原理に対する善の原理の勝利」(L3, 33) という概念の「図式」として機能している。ただし、我々の関心は、「諸々の関係間の〔次元を超えた〕類似・相似」の〈もと〉になるような「非時間的始原・原理と歴史的現実・実在との間の推定された類似性・親近性」の方にある。言い換えると、カントがその目印や痕跡を突き止めることを課題にした「歴史的制度〔教会をキリスト教固有の宗教組織として事実的に成り立たしめている制度〕と探し求められている公共体〔地上への到来が待ち望まれている「神の国」を理想形とする善き心術の持ち主たちの統合体〕との間の類似性・親近性」(L3, 38) それ自体ではなく、「教会と倫理的公共体という理念との間のそうした類推・類比の始原・原理（principe）」(L3, 39) となるような、「歴史上の〔カントによれば近代の〕キリスト教団と〔神へのあるべき奉仕形態として前者の制度的なあり方を合理的・理性的に再解釈したものとしての〕真の宗教の真の奉仕との間の〔……〕推定された類似性・親近性」(L3, 39 ; cf. L3, 19)」の方にある。より一般化するなら、「無歴史的な超越論的なものと歴史的な宗教的なもの」(L3, 19) との間の「推定された類似性・親近性」の側にある。要するに、カントが「諸々の関係間の〔次元を超えた〕類似・相似」に強調点を置き、或る言説〔哲学的宗教論〕内部で個々のモチーフに適用した「類推・類比の図式論」という思考法に関して、我々はむしろその作業原理に当たる、より根本的な「類似性・親近性」の側に強調点を置き、この関係性を言説全体のレベルで、或る言説と別の言説〔理性批判の内外で問題となる「希望」をめぐる二つの言説、すなわち第二批判と哲学的宗教論〕とに適用しようとしているのである。

（筆者　すえなが・えりこ　京都芸術大学非常勤講師／宗教哲学）

極限概念と自覚

──西田幾多郎と田辺元の岐路──

山本　舜

序論

西田幾多郎と田辺元との間に生じた哲学的対立である所謂西田・田辺論争は、従来の研究でも度々取り上げられ、論じられてきた。しかしそれらの多くは一九三〇年の「西田先生の教を仰ぐ」以後の両者の関係性に焦点を当てており、論争以前の両者の関係や立場を踏まえて、両者の間に食い違いが生じた経緯を十分に明らかにしたと言えるものに関してはなお数が少ないと言える。端的に言って、彼らが出会ってから同僚関係になるまでの時期にあたる一九一〇年代は、両者の関係性は極めて良好であった(1)。むしろ論争の口火を切った田辺の方が、小林敏明の言葉を借りれば、西田に対して「当初は一方的に私淑していたとみられる」(2)のであり、また石川興二の証言のように、「西田哲学を論理的に精密にすることが自分の分である」(3)といった態度を示すこともあったとされる。これらの事実を踏まえると、それほど西田に傾倒していたはずの田辺がなぜ西田批判に向かったのかということは、一つの疑問になり得る。西田の後継者としての立ち位置にあった田辺が、西田と異なる道を歩むことになった経緯は何だったのか。彼らの岐路にはいったい何があったのか。

この問いに関連する先行研究としては、特に近年の嶺秀樹の研究が非常に参考になる。嶺は「初期田辺の反省理論」という論文で『自覚に於ける直観と反省』の問題、とりわけ直観と反省の関係を通して、まさに田辺は西田と問題を共有し、西田の思索に彼なりに肉薄していた(4)事実というものを見据えた上で「師とも仰ぐべき西田に批判の刃を向けざるをえなかった田辺の思索上の必然性」(5)を考察している。つまり嶺もまた田辺の西田への傾倒を前提にその離反を考えている。その際嶺は欧州留学を経た一九二四年の帰国以後の田辺の反省理論に焦点を当てて考察を行っており、その意味で依然として肝心の『自覚に於ける直観と反省』(一九一三－一九一七年に連載、刊本は一九一七年)の時期は検討が残されているように思われる。そこで本稿では、基本的に嶺の見解を踏襲しつつ、嶺が主題的に論じていない一九一〇年代の西田と田辺の関係を踏まえて、両者の岐路に解釈を与えてみたい。

西田と田辺の岐路を考える上で論点となってくるのは、嶺が述べるような「西田の思索に彼なりに肉薄していた」田辺をまず確認した上で、西田との差異がどこにあったかである。その差異の最も顕著な点は、議論を先取りして言えば、「直観と反省」の関係性を踏まえた上で「自覚」をどう解釈するかという点に見出される。周知の通り西田は『自覚に於ける直観と反省』でこの問題を主題的に取り扱っていたが、田辺もこの連載に並行して博士論文「数理哲学研究」(一九一八年、刊本としては一九二五年)の構成論文を発表していく中で、実際に「直観」や「反省」といった術語を起用し、さらには「自覚」にまで解釈を与えていた。このことは、同じ術語を同じような仕方で用いているという点で、両者の立場の一致を示しているようにも見える。少なくとも田辺は、自分の立場は西田と一致していると感じていたかもしれない。先ほど挙げた小林や石川の例も、このように解することで筋が通るからである。しかし、西田の術語を踏襲する田辺の術語使用には、西田の使用とは絶妙に異なった意味が現出している。この点に後年の批判が必然的に生じたとも解釈可能な両者の立場の差異が暗示されていると考えることができる。本稿はこの差異に注目する。

以下は本稿の構成である。(一)まず「自覚」における「直観と反省」という問題を西田に即して改めて解釈する。これによって、西田の「自覚」が「直観と反省」の問題を通してどのように考えられるべきかということに、筆者なりのまとまった見解を打ち出してみたい。(二) 次に、既に「直観」「反省」の術語を起用していた田辺がはじめて「自覚」にまで言及した論文「連続、微分、無限」(一九一六年)を確認し、この時点で既に両者の間で「自覚」の意味が異なっていることを指摘する。西田は「自覚」をあくまで実在的な事実のレベルで語っているのだが、田辺はそれを事実としてではなくむしろ理想的な要請として捉える。田辺のこのような解釈は彼が当時数学の基礎づけを試みる中で概念的に把握した「極限」という考え方に裏づけられたものである。この点から言えば、西田と田辺の岐路というのは、「自覚」は実在的な事実であると主張する立場と、「自覚」は極限的に見出される理念であると主張する立場の、いずれの道を進むかの問題として整理できる。つまりこの相違が両者の分かれ道になっているというのが、本稿がとる見解である。(三) さらにこの見解を踏まえて「西田先生の教を仰ぐ」における田辺の西田批判を検討し直すことで、以上で主張した「自覚」解釈の差異がこの批判の要点に及んでいることを見る。(四) 最後に、この批判に対する答弁という性格を持っているとされる『無の自覚的限定』での西田の論文にも、こうした差異に関わる問題が食い込んでいるということを示す。

一　西田の自覚――「自己が自己を写す」を解釈する

『自覚に於ける直観と反省』の冒頭句、「直観といふのは、主客の未だ分れない、知るものと知られるものと一つである、現実その儘な、不断進行の意識である。反省といふのは、この進行の外に立つて、翻つて之を見た意識である」[2/15]は、西田哲学研究においては最早改めて取り上げる必要もないほどよく知られている。ここに『善の研究』以後の西田の思索の進展が読み込まれることも多い。その場合、「直観」に主客未分の「純粋経験」が読み込まれ、『善の研究』時点では二次的なものに留まっていた「思惟」が「反省」として押し出されていることがしばしば強調される。しかしこのいささか単純な処理も相俟って、「直観と反省」の関係性は従来十全に解釈されてきたとは言い難いところがある。こうした事情はこの関係の内的結合としての「自覚」の解釈にも作用している。西田研究においては、「自覚」を説明するときに西田の有名な定式「自己が自己を映す」を引用することが一つの慣例になっているが、その際この定式の意味の詳細な分析にまで深く踏み込まれることは少ない。この定式は所謂「西田語」的で難解不可解な表現などではなく、「自覚」の明確な意義をはっきりと言い表したものである。本章ではこの「直観と反省」の関係を解釈し、西田の「自覚」の意義を明らかにする。

まず「直観」は、文字通りに解釈して言えば〈見ること〉である。特に対象やものを「見ている」と述べる必要はない。あるいは「私が」と述べる必要もない。我々の経験は概ねただ単に〈見ること〉より始まり、その見地に「私」や「対象」の措定は必要条件ではないからである。また、〈見る〉と言っても必ずしも視覚的に、つまり特定の感官の経験に限定される必要もない。ひとまずこれを「直観」の暫定的な定義としておく。

既に述べたように、この「直観」には『善の研究』における「純粋経験」の性格が読み込まれ得るし、実際それを大前提としている。「純粋経験」の立場が最晩年に至るまで西田哲学の最も重要な核を形成していることは、従来多くの研究が指摘してきた通りである。だが西田がこの段階で「純粋経験」という表現を用いることをやめて、「直観」という術語を起用したことにもそれなりに正当な理由がある。当時勃興していた論理主義の哲学（新カント学派、現象学）においては、心理主義的色彩を帯びた「感覚」や「経験的」といった術語は批判の的になっていた。『善の研究』以後京都で論理主義の哲学を経由した西田は、自身の「純粋経験」も含めて、心理主義一般が起用するこれらの表現が招き得る誤解を意識するようになる。「直観」という新たな術語の起用は、こうした問題に対する警戒が西田の中で高まったことに由来する。[6]

この「純粋経験」から「直観」への術語の変化を考える上で重要なのは、所謂経験主義の立場をとる際に経験や体験の具体的な性格を例として記述するだけでは論理的な基礎づけを果たすことにはならないということである。西田哲学を論じる際に我々はたいていまず、純粋経験の具体的な様相について具体例を交えながら説明を試みる。例えば「一生懸命に断岸を攀づる場合の如き、音楽家が熟練した曲を奏する時の如き」[1/11]といった説明がその理解のために重要な寄与をもたらすことは言うまでもない。しかしそれは哲学的に根本的な立場の論理的な基礎づけにはなっていない。哲学的に根本的な立場として「純粋経験」を主張するのであれば、それが根本的な立場であることとそのこと自体を論証する必要がある。これは単に経験的事実として体験に訴えるのでは不十分である。いかなる意味で根本的であるかを明晰に開示する論理的な基礎づけは、あくまで事実に訴えるのとは別の仕方でなされなければならない。西田自身（田辺もある意味では西田以上にそうであるが）「自覚」に歩みを進めた時点ではこの問題を十分に意識していたことが推測される。本稿ではこの意味で、「直観」を「純粋経験」と直ちに結びつけてしまう前に、その字義と哲学的な使用に即して〈見ること〉と規定しておく。このことは、この術語から純粋経験の具体性や豊穣さを捨象してしまうようなことを直ちに意味しない。

　次に「反省」概念を解釈しよう。以上の〈見ること〉それ自体を対象視するとき、それは「反省」と呼ばれる。反省が「翻つて之を見た意識」として説明されるとき、「之」は直観だからである。その意味で「反省」は〈見ている〉それ自体を〈見る〉、〈見ている自己〉を〈見る〉、とも言い換えられる。この二重の〈見る〉に注目することで、以下本稿ではこの事態を〈直観を直観する〉と表現する。「直観を反省する」という親しまれた表現も、〈直観を直観する〉という「反省」の新たな表現も、この場合指示する事態は実は同一である。重要なのは直観を対象視する——この意味で、直観「を」という助詞が注目に値する——という点にある。我々は直観を反省的に直観する。

　一般に日本語の「を」が、インド・ヨーロッパ語族における所謂「対格」(accusative)として、動作の対象ないし目的を表すことについてはおそらく異論はないだろう。この助詞の日本語文法上の意義に踏み込むことは本稿の主題ではない。だがそれが何らかの意味で「対象」ないし「客観」に関与することについては、十分に注意しなければならない。我々が対象として取り上げる事柄は、ほとんどの場合この「を」によって指示されるからである。(7) それは裏を返せば、「を」によって指示されたものは常に何らかの意味で対象的に見られた性格を帯びるということである。この意味で「を」は、対象の措定に関与している。

〈直観を直観する〉と言う場合、前者の「直観」は明らかに見られたものである。より分析的に言えば、これは見られたものとして、〈直観する〉当の主観に対する客観、ないし対象として措定されている。つまり、〈直観を直観する〉という「反省」においては既に主客の対立が生じており、その意味で思慮分別の次元に足を踏み入れた、「純粋経験」の破壊という意味での「思惟」が暗示されていると言える。もちろんこれが論理的思惟と言い得るのかについては、なお検討の余地があるように考えられるだろう。この〈直観を直観する〉ことが「反省」であるという主張だけでは、例えばカントがカテゴリーによって確保した純粋思惟の一般性が有するような論理的な諸規定は見出し難い。この点の詳述は『一般者の自覚的体系』（一九三〇年）の検討をまたなければならないとして、ともかく反省を〈直観を直観する〉と表現することは西田の定義から言っても不当ではない。この「直観」の二重の使用が混乱の種になることを考慮するのであれば、直観と区別された「反省」という術語を明確に起用し、慣例通り「直観を反省する」と表現しておくことがまずは重要であり、手続き的にも妥当ではある。いずれにせよ、ここでは重要なのは次の二点である。すなわち、まず「直観を」という直観の措定があるということ、そしてそれを措定するもの自身がまた直観であって「反省」と呼ばれるということである。

しかしそもそも「直観を」という仕方で直観が対象になるということは、西田哲学に精通した者であれば違和感を覚えるべきであるようにも考えられる。直観は純粋経験に重ねられる限り、どこまでも主客の未だ分かれないものでなければならず、それが客観化されてしまったら既にそれは直観とは呼べない。それはまったくその通りである。しかしこの前提をどこまでも維持しつつ、「直観を」という仕方で直観を対象視する事実を論じているのが、西田の「自覚」なのである。『自覚に於ける直観と反省』で「自己が自己を写す」[2/16]と定式化されて以来、「場所」を経由して「自己が自己に於て自己を見る」[5/6]といった具合に修正されていくとはいえ、自覚は少なくとも中期に至るまでは本質的に大きく変化していない。この定式をよく検討してみよう。

ここで注目したいのは、この定式において『自覚に於ける直観と反省』での提唱時からその後も変化していない部分、つまり「自己が」「自己を」という二つの自己と、「写す」(以下では後の「映す」に合わせて表記する)つまり〈見る〉という状況の形容である。以下では上述の問題を浮かび上がらせるために、これを〈自己が〉《自己を》〈映す(見る)〉と表現することで、特に《自己を》を際立たせて表記することにしたい。

まず大前提として、「心理学者の考へるやうに、この二つのものを両ながら思惟の対象として見て、この二つのものが同一であるといふのではない」[2/17]ということに徹底的に注意を払う必要がある。このことが意味するのは、〈自己が〉と《自己を》はそもそも全く異なる次元において考えられなければならないということである。我々は「自己が自己を映す」という命題においては、命題という次元において同時存在的に並立された二つの「自己」を確認することになるわけだが、そういう確認の仕方が既に命題という対象面——すなわち《自己を》——だけを見ていることを意味するのに気づかなければならない。以上の命題やそういう対象を〈映す〉のは、〈自己が〉の自己なのである。その意味で〈自己が〉と〈映す〉は同次元的である。つまり〈自己が—映す〉。これは「自己が見る」とも言い換えることができるから、このときの〈自己が〉は「見る自己」である。もっと単純化して言えば、先ほど述べた端的な〈見ること〉であり、従って「直観」である。このように我々が所謂「直観」という語句によって想定する未分の原初的直観は、常に〈自己が—映す〉という「見る自己」の次元で考えられる。この次元に対して、映されているところの《自己を》、つまり「見られた自己」は、以上の次元とは別の次元にあると考えなければならない。このことを敷衍して言えば、〈自己が―映す〉ところのものとして《自己を》という対象措定が介入してくるということが、直観の統一が破られて思慮分別が生じるという事態なのである。しかも直観の統一が破られてもなお、《自己を》は必ず何かによって映し出されなければならないがゆえに――後年の表現で言えば「有るものは何かに於てなければならぬ」[4/208]がゆえに――、その根底ではそれを映し出す直観が常にそれを〈見ている〉。このように、「自己が自己を映す」という自覚の定式において、〈自己が―映す〉と《自己を》の間には明確に次元の差異を考えることができるし、考えなければならない。

以上を踏まえて言えば、〈自己が〉《自己を》〈映す〉という命題は〈直観が〉《直観を》〈直観する〉と換言されても問題ない。このとき〈直観が―直観する〉はさしあたり端的に〈直観する〉と縮めて理解することができる。それに対して、《直観を》だけが以上二つの直観とは別の次元にある。それは見られた直観であって、見る直観としての〈直観が直観する〉こととは異なる。さらに見られた直観、即ち《直観を》は我々が第一義的に想定するような潤沢な原初性を失っているにもかかわらず、それでもそれに「直観」以外の表現を与えることはできない。なぜならその直観は、単に見られたということ以外には全くその性格を変じていないからである。そして我々が想定する直観というのは――まさしく「想定する」という事態によって大抵「直観」なるものについて何らかの像を形成してしまうがゆえに――、ほとんどの場合むしろ「見られた直観」なのである。(8)

本稿では「自己が自己を映す」という自覚の有名な定式を以上のように解釈しておく。(9)ここには直観を直観（反省）するという事態が示されている。故にこれは自覚の認識論上の構造の言わば定義であって、西田流の奇妙なレトリックや比喩表現といったものではない。この定式を単に同語反復的な命題のようなものとして解するとき、我々は上述の〈自己が―映す〉と《自己を》の間の次元の差異を全く考慮せず、単に定式全体を対象的判断のように考察している可能性がある。しかしこの定式それ自体においては、所謂「主語―述語関係」が第一義的に問題になっているわけではないのである。

「自覚」において直観を反省することは、「見る自己」自身が見られるということである。元来〈直観する〉立場であったはずのものがそれ自体対象として《直観を》の位置に置かれ、このときにそれを〈直観する〉ものが新たに生まれているということが自覚の内状である。この点から言えば、我々が「直観と反省」という文言を前にしてこれを「直観を反省する」こととして解釈する場合、純粋経験の意味を読み込むべきなのは「直観」の方ではなく、奇妙なことにむしろ「反省」の方だということになる。《直観を》反省的に〈直観する〉後者の直観こそが、真の意味で「見る自己」なのであって、却って「直観」というものとして対象視される《直観を》の直観は、既に「見られた自己」に堕しているからである。断っておきたいが、このように表わされるからと言って、見られたものが単に消極的なものでしかあり得ないというわけではない。我々は対象の位置に置かれたものを判明に認識することができるのであり、その意味で見られたものは実在的なものとしてリアルに捉えられる。それは「見られた自己」であっても例外ではない。ただ、見られた限りの自己は絶対に「見る自己」、すなわち〈直観する〉直観それ自体ではあり得ない。この点に以下で問題にするような、端的な「見る自己」――決して「見られた自己」ではなく――それ自体の反省の限界が潜んでいる。

二 『自覚に於ける直観と反省』と「連続、微分、無限」における「自覚」解釈の差異

以上が本稿がとる西田の自覚についての解釈である。次に本章では田辺の自覚を取り上げる。西田の自覚に比べて、田辺の自覚の初出、ないしその解釈はあまり知られていない。本章ではこの初出の確認と、そこでの自覚解釈の内実を扱う。

彼が西田の影響で「自覚」概念を最初に起用したのは、一九一六年の「連続、微分、無限」という論文である。この時期の論文で田辺は主に数学の基礎と認識論を取り扱っていた。簡潔に言えば、数の基礎づけを認識論的に執り行いつつ、同時に認識論それ自体を数学的に合理的な仕方で精緻に整えるということがこの時期の田辺の業績であった。この二つの観点は共に密接に絡み合って田辺の中では一体を成しているのだが、本稿では数の基礎づけそれ自体が目的ではないため、後者の観点にできるだけ絞って論じることにしよう。それ故「直観」「反省」ないし「自覚」といった概念が数学的にいかなる性質をもっているのかという観点が問題の焦点になってくる。以下で詳しくみていくが、「連続、微分、無限」では田辺は「反省」のもとになる「直観」、ならびにそれが織りなす無限の系列としての「自覚」を「極限」的な性格を有するものとして解釈していた。この極限は数学的に裏づけられた概念であるから、まずそれが問題になる数学上の議論としての実数について論じることから始めたい。これは数学的には「連続」がいかなるものであるかという問題とかかわっている。

まず数の体系の中で最も根本的と言える自然数は1、2、3……という仕方で無限の系列を成している。これは一見「連続」的に見えるかもしれないが、数学的には、というより厳密な意味では連続と言うことはできない。なぜなら1と2の間にはなおも無数の分数が考えられ、その意味で1と2の間には無限の「間」が存在することになると考えられるからである。「間」があるのであれば、それは「連続」ではない。では、その「間」を考えていくことのできる有理数の体系であればどうだろうか。0と1の間に1/2が、0と1/2の間に1/4が見出されるということは、ついに無窮の分割を意味することになる。これが数学者のカントルが有理数の特質として定義した「その任意の相異なる二要素の間に、さらにこれらと異なる別の要素が存在する」こと、すなわち「分布の稠密」(überalldicht)である。[10] だが有理数のこのような特質をもってしても、なお「連続」には届かない。現実に存在する数には、有理数によっては表現不可能な無理数があるからである。例えば$\sqrt{2}$という表記で表される数は、有理数によって簡潔に表すことができない。有理数で表すことができないということは、有理数系列には常に表現不可能な罅隙、断絶が存在するということである。こうして結局有理数も自然数と同じように罅隙を残すため、連続とは言えないのである。連続的な数体系は、有理数と無理数を完備した実数体系でなければならない。

数学者デデキントは、この実数の定義のために「切断」(Schnitt) という方法を用いた。これは数全体を二つの組 (A_1, A_2) に組み分けすることを意味する。(11) 彼は「連続性と無理数」(一八七二年) において、あらゆる切断が有理数によって引き起こされるわけではないということを数学的に示し、そのことによって無理数を定義した。(12) このようにして実数を基礎づけるデデキント切断は、それ自体有理数の罅隙を埋める一つの無理数としても考えられる。この点から言えば、切断は無理数とほぼ同義的に用いることができる。

田辺はカントルとデデキントそれぞれの考え方に合わせて、無理数を二様の仕方で想定している。カントル的に無理数を考えるとすれば、それは分布の稠密によってなお届かない「極限要素」として極限的に考えることができる。それに対してデデキント的には、無理数は極限ではなく有理数の「切断」として考えられる。この「極限」的な性格と「切断」的な性格によって、無理数は二通りの仕方で想定が可能である。

ここまでは通常の数学基礎論においてもよく取り上げられる。だが田辺はこの吟味の上でさらに認識論的な問題を考える。先立つ「自然数論」(一九一五年) において既に個々の自然数が「直観の反省」による構成で基礎づけられることを主張していた田辺は、実数に至ってこの数の構成が完成することを主張する。その際、無理数は以下のように「直観」に重ねられて理解されることになる。

実数の体系に至り、無理数の概念に由り此が積極的に指示せらるるに及んで初めて数の系統は完成し、其の構成の過程の無限なる所以も理解せらるるのである。併し無理数は構成の結果でなくして寧ろ其根原の象徴である。分析の稠密な有理数の体系は完成は出来ないけれども、思惟の領域に於て本性上可能なるものとして、思惟の永久の課題となる。然るに無理数の指示する直観の統一は此永久の過程を以て猶終に到達することの出来ぬ極限である。思惟の根原にして而も其達する能はざる極限、此が無理数の超越論理的意義である。(13)

解釈しよう。まず既に述べたように、有理数に対して無理数は「極限」という性格を一面に有していた。例えば、π＝3.1415……という無理数に対して、自然数と有理数を用いて3, 3.1, 3.14, 3.141, ……と漸次これに近づいていくことはできるが、πそれ自体には決して到達できない。無理数はこのような観点から言って極限性を備えているわけである。そして田辺はここで無理数が「構成の結果」ではないことを強調している。つまり無理数は、3や3.1といった数とは違って、数字として簡潔なものとしては構成されようがない。ただπという統一としてのみ「象徴」的に表されるほかない。そして無理数のこのような性格に、田辺は反省の対象であるところの直観を読み込むのである。直観それ自体へは、反省的思惟によって到達することができない。直観を反省的思惟が適用する簡潔な規定によって尽くすことは不可能である。しかも反省は直観があって初めて可能になる。この意味で田辺は直観を「思惟の根原にして而も其達する能はざる極限」として、無理数に重ねている。

意外かもしれないが、この見解は田辺にとってはむしろ西田を踏襲したものであった。つまり田辺が無理数に直観の意味を読み込んだ発想は、元々は同時期に連載中であった『自覚に於ける直観と反省』で西田が主張していたことなのである。田辺が具体的に想定している参照先は以下の部分である。

数学上真に連続的なものにして始めて極限を有つことができるのである。極限点とは〔……〕我々の到底達することのできない点である、無理数即ち切断Schnittは我々の到底達することのできない理想点ideale Punkte

を示すものである、一つの要求Forderungである。之に反し有理数によつて表される分離点diskrete Punkteは我々が分つことによつて達することの可能と考へられる所謂実在点reale Punkteである、而して極限点をそれ自身の中に含む連続は実にIdeal + Realである、即ち具体者das Konkreteである。我々の自己は我々が反省によつて到底達することのできない極限点である、これに反し一々の反省作用は如何に反省の上に反省し得るとしても、一々我々に実在的な作用の連続である、即ち有理数である、而して反省作用即自己なる自覚、即ちフィヒテの所謂事行Tathandlungは Ideal + Realである。[2/165–166]

西田はここで極限点としての無理数、すなわち切断に「理想点」という性格を与えている。これに対して、有理数はなお連続的でないという意味で分離的ではあるが、それでも一つ一つが確定的で到達可能という意味で「実在点」として性格づけられる。この二つの性格を共に有する「具体者」は連続であり、それは理想点と実在点、理想的であるものと実在的であるものを併せ有つという意味で「Ideal＋Real」と表示される。西田がこれを『藝文』に発表したのは一九一六年一月のことで、田辺の先の引用はこの二ヶ月後、三月に発表されたものであった。田辺の先の引用には「西田教授の明晰なる言表はしに従へば、有理数に由て表はされるdiskrete Punkteは我々がDivisionによつて達することの可能と考へられるreale Punkteである。然るにGrenzpunkteは我々の到底達することの出来ないideale Punkteを示すものである。一のForderungといふべきものである（『藝文』十巻一號八二頁）」という文言が続いており、明らかに以上の西田の叙述を踏まえていることが分かる。[14]

西田も無理数と有理数の関係を自覚の構造に重ね合わせている。「我々の自己は我々が反省によつて到底達することのできない極限点である」というのは、前章の末尾で触れたように、反省的な立場からは原初の直観それ自体を十全に再現し、表現することができないという意味である。この前提に立ってみれば、「見られた自己」は見られる限りにおいて実在的で明晰なのだが、端的な「見る自己」それ自身は同様の仕方で実在的に明晰に見られることはできない。このように一つ一つ対象的に見られる自己の分離的な実在性に対し、端的な「見る自己」すなわち直観は、本来の自己であるはずなのに、反省的に到達不可能という意味で極限的な性格を帯びるものとして解されることになる。「見る自己を見る。しかし見た限りではそれは見られた自己となっている。だから「見る自己を見る自己を見る」。しかし同様に、そこでもまた見られた自己を見ていることとそのこと自体が対象視されている。さらに……」と、無限に「見る自己」を見ようとすること。もちろんこのような系列形成は無限背進に陥ってしまうし、陥ってなお真の意味での「見る自己」に達することはできない。この観点からは無限の向こう側に理念的に想定されるような仕方で「見る自己」なるものを考える以外に方途がない。このようにして西田は、有理数の実在点的性格と無理数の理想点的性格との関係に、対象的に措定されて「見られた自己」となった実在的自己と、その総和によってもなお到達できない端的な「見る自己」としての直観状態それ自体の理想的自己との関係を重ねているのである。

さて、このように考えてみると、西田と田辺の「直観と反省」の立場は極めてよく通じているようにも見える。反省によっては到達できない直観の性格を極限的に表すという点は両者の間でまったく一致している。しかし西田の側からすれば、実はこの見解には非常に大きな問題が残されている。これについては既に大橋良介が簡潔に指摘している。

ところで「極限」概念の援用は〔……〕逆に問題を残すであろう。なぜなら「極限」は無理数的な「理想点」ないし「要求」にとどまって、端的な経験の「事実」にならないからである。それは単にイデアールではないが、レアールとも言いきれないという性格を有する。もしそうであれば、「極限」はフィヒテ的な「当為」

(Sollen) のモデルとはなっても、端的な自覚の事実とはならない。[15]

つまり端的な「見る自己」それ自体を極限点として捉えるという西田の方法は、そもそも端的な「事実」であるはずの直観を「理想点」に、ないし「要求」にしてしまうという問題を残してしまう。端的な事実であるはずの事柄が理想的なものへとその性格を変じて、極限的なものとして性格づけられてしまうこと。このことを大橋は指摘している。

西田にとって自覚や直観は端的に到達可能な「事実」であって、本来極限的なものでもなければ理想的な性格を持つものでもなかった。しかし彼自身が「極限」によって自覚の説明を試みようとした結果、端的な直観としての「見る自己」は結局極限的なものとして性格づけられることになった。田辺はむしろこれを直観の考えられるべき姿として文字通りに受け取ったことになる。このようにして田辺は、西田に倣って「直観と反省」を無理数と有理数になぞらえながら解釈し、直観を理想的な極限点として想定することになった。この流れのもとで田辺は自覚に初めて言及し、解釈を与えている。

〔……〕反省が我の中心に意識の作用を統一することであつて、其意味に於て之を自覚と称するならば、自覚は終に完成することなき無限の過程となり、我なるものは如何に反省しても之に到達すること能はざる極限要素となる。而も斯かる到達すべからざる理想的の極限要素たる我があつて初めて反省が可能となり、其統一に由て思惟の構成が実現せられるのである。[16]

これが田辺の最初の自覚への言及である。この言及箇所は後に博士論文「数理哲学研究」に引き継がれる際には削除されており、おそらくこの段階ではまだ田辺の中でもそこまではっきりと「自覚」についての解釈が安定していなかったことが推測される。(17) だがそれを加味したとしてもなお確実に引き出せるのは、田辺が自覚を極限的なものとして考えている点である。田辺は、直観を反省する自覚としての「我」もまた、反省的に到達不可能な極限性によって説明されるものであるという立場に明確に立っている。重ねて強調しておくが、これは他でもない西田の論述の解釈を通じて引き出されたものである。

それでは西田も自覚は極限的に考えられるほかないと結論したのだろうか。もちろんそうではない。『自覚に於ける直観と反省』を注意して読めば、西田が自覚を事実的なものとして語ろうとしていることは随所に読み取れる。例えば先の引用において西田は「Ideal + Real」として自覚を語っていた。このことだけでも、自覚がIdeal〔理想的〕な性格に尽きるものではないことが示されている。また、西田はこの叙述のしばらく後で、「単に連続的なものはReal + Idealとして具体的であるかも知れぬが、未だ己自身の中に非連続の作用を統一して居ない」[2/298]とその不十分さについて触れており、「余は嘗て極限点は反省のできない我々の自己の如きものであつて、此の如き極限点の集合が連続であり独立の具体的実在であると云つたが、此の如き実在は尚知識対象の世界に属して居る、従つて現実の意識を含むことはできぬ、現実の意識は此の如き実在に対して外面的である」[2/299]といった具合に、この考えを自己批判している。「現実の意識」は極限的な考え方によって包まれることはできない。このことについて西田は率直に断定的である。以上のような西田の自己反省を含めて解釈すれば、西田の自覚が単に極限概念的に考えられるものでもないことは明白である。

ここで本章の論点をまとめておこう。田辺の自覚も西田と同様に「直観と反省」との関わりで主張されるが、その際拠り所になっているのは数学における「極限」という考え方であった。一つ一つが実在的である有理数に対して、理想的なものとしてしか捉えられない無理数は極限的なものとして考えられる。田辺はこのような性格を直観および自覚に託した。しかもその土台を提供したのは、皮肉なことに西田であった。対照的に当の西田はこの考え方によって直観および自覚が「事実」にならないことを最終的には懸念していたのである。

自覚は直観を反省することであり、《直観を》〈直観する〉ことである。しかし対象措定以前の直観、すなわち「見る自己」は反省的思惟によっては十全に表現されない。その表現の方法の一つが「極限概念」の援用であった。西田はこれでもなお「現実の意識」、端的な「見る自己」が表現されないことに気づいていた。西田にとって直観を直観する自覚の事実は決して単に理想的な性格を帯びたものではなく、実在的でなければならなかった。一方田辺はむしろ、このような極限的なステータスこそが直観ないし自覚の本質だと考えるようになった。それを「象徴」として捉えることが、彼なりの理解であった。

三 「西田先生の教を仰ぐ」における極限の問題

両者の関係を強く結びつける要因になった『自覚に於ける直観と反省』の時点で既に、以上のような根本的な解釈の相違が見出されることが明らかになった。その後田辺が京都帝国大学に招聘されて以降、認識論の研究に心血を注ぐようになっていくにつれて、この差異はさらに強化されていったと考えられる。要するにこの差異が決定的に際立ったのが一九三〇年の「西田先生の教を仰ぐ」であったと言えるだろう。この間に十年近く年月が経過しているが、本稿ではこの時期の考察は一旦傍に置いて、以上の相違点を材料に、両者の明らかな決裂点としての「西田先生の教を仰ぐ」を検討してみたい。

「西田先生の教を仰ぐ」は、これまでの研究においてもその論点が整理されてきたように、なによりもまず「絶対無の自覚の場所」[T4/309]に向けられたものである。改めて確認しておくと、田辺はこの西田の「絶対無の自覚」が「哲学体系の終極原理を与ふる」[T4/313]ものとして立てられることは、プロティノス的発出論と軌を一にする「一種の発出論的構成」であって、それは「哲学それ自身の廃棄に導きはしないか」[T4/309]と批判したのだった。本章ではこの批判の要点が前章で確認した『自覚に於ける直観と反省』の時期に見られる両者の差異から敷衍できるものであることを論じていく。

「〔……〕先生の自覚的体系に於ては、最後の一般者が単に求められたものとしてでなく与へられたものとして存するのである。私は此点に於て根本の疑問を懐かざるを得ない」[T4/307-308]と田辺が述べるとき、問題の所在は「求められたもの」か「与へられたもの」かという点にある。既に見たように、彼は直観ないし自覚を端的な実在ないし事実性として認めることを躊躇しており、それよりはむしろ「要求」として、理想点のような極限的なステータスで見出されるべきという立場を――彼自身からすれば西田に倣って――とっていた。このことはちょうど直観という原事実を、「与えられた」無条件的なものとして根本に据える立場か、それともそれを認めつつもそこに留まっていては決して認識は成立せず、必ず思惟の段階に至って反省的に「求められた」仕方でそれを統一的に見ることしかできないという立場かの二途に対応する。この点から言えば田辺は、絶対無は「求められたもの」として定立されるという後者の立場を取ることになる。こうした根本的な立場が「私の考へる所によれば、場所は自発的に自己を限定するものではない。逆に限定に由つて始めて場所として現れるのである」[T4/308]という、西田の側から見れば全く的外れな見解を生み出しているとも言えるだろう。田辺からすれば、「場所は限定を反省する反省の求める所のイデー（カントの理性批判の意味に於ける）であつて、限定を限定する為めに与へられたものではない」[T4/308]。場所についての田辺のこうした見解は、明らかに「連続、微分、無限」以来の彼の「直観」理解の延長線上にあるものである。つまり田辺は「直観」が理想点的なものとして極限的に表号されるものであるという例の見解を、そのまま西田の「場所」に読み込んでいるのである。この点から言えば田辺の的外れな見解も決して故なきことではない。田辺からすれば直観は確かに思惟に不可欠ではあるが、しかしそれは無条件的に「与えられたもの」として扱われてはならず、むしろそれ自体の批判的な限界づけを通じて理念（イデー）として「求められたもの」でなければならないのである。(18)

このように、前章までで検討した問題は「西田先生の教を仰ぐ」においても議論の重要な核として機能している。このことをさらに強調するために、次に「西田先生の教を仰ぐ」での田辺の「極限」への言及を見ておくことにしよう。

田辺は「西田先生の教を仰ぐ」の「二」で数学の基礎の問題を交えながら「極限」に言及し、西田を批判している。おそらく大抵の場合、この一九三〇年の批判の最中に突然現れる田辺の数学への言及は、単に田辺自身の数学への個人的関心と西田批判の論点との結びつきが偶発的に現れたもの程度にしか解されないだろう。実際この点に深く踏み込んだ研究は管見の限り見当たらないし、多くの場合はこの箇所自体がスルーされている。しかし前章で確認したように、数学に関する言説をめぐっての両者の密接な関係性とそこで既に暗示されていた差異とを考察材料に持っている我々としては、田辺が「数学の基礎論」に関する自身の見解によって西田哲学の立場に対する疑惑を「一層はつきりと開陳することが出来ると思ふ」[T4/314]と述べていることには十分注意を払わなければならない。田辺は次のように述べている。

〔……〕宗教としては絶対無の自覚として立場無き立場といはれるものも、それが哲学体系の終極原理を与ふる立場となるとき、却てそれ以下の被限定的抽象的なる立場を、その限定として理解せしむべき一の立場となり、決して立場なき立場に止まることが出来ないのではないか。哲学は却てこれから開放せられ、単にこれを極限点として、自由にその上に浮動するものとならなければならない。[T4/313]

田辺が「絶対無の自覚」の立場無き立場を「極限点」として捉えている発想は、やはりここまで検討した内実に沿っている。田辺としてはどれほど「絶対無の自覚」が立場無き立場として主張されようとも、それが「哲学体系の終極原理を与ふる立場」、つまり哲学がそれによって考えられる唯一とも言うべき立場として想定される限り、結局一つの「立場」に堕してしまうのではないかという疑念が払拭できない。彼は「本来哲学は凡ての立場に対して自由なる無立場を目標とする」[T4/313]という立場をとるため、唯一絶対のものに包摂されてしまうことよりも、むしろそういうものを逆に「極限点」として捉えることによって、そこから一定の距離をもって自由な態度がとれることを望んでいる。

ここで注意が必要なのは、田辺はなにも絶対的なるものを否定して相対的な立場に立つのではないということである。田辺はむしろ明確に絶対的なるものを認める。ただ、「単に求められたるものとして絶対者を極限点とするのは、与へられたるものとしての絶対者を立てて、之を其体系の根柢とするのとは異る」[T4/314]のである。田辺にとって絶対はあくまで「求められた」ものとして「極限点」的に捉えられるものでなければならない。これは明らかに「連続、微分、無限」で直観を理想点的な性格によって規定した立場の延長線上にある考えである。だとすれば、ある意味で田辺の絶対的なものについての考えは、純粋経験を認めていた「措定判断に就て」以来変わっていないとも言える。端的に言って、思惟にとって不可欠な与件として絶対的な純粋経験はそれとしてはいかに基礎づけられるかという問題、これが田辺に一貫してあった問題だと考えられる。田辺は「措定判断に就て」で純粋経験の立場を好意的に解釈したが、思索が深化するにつれて純粋経験それ自体の基礎づけを目指すようになった。その一つの到達点が「連続、微分、無限」での理想点的な直観解釈である。それ故、田辺は純粋経験や直観を認めな<u>い</u>くなった<u>い</u>のではな<u>い</u>。むしろそれを認めるために、いかなる論理的根拠づけによってそれを性格づけるかという問題が田辺にとっての大きな課題であった。そしてその性格づけのための「理想点」という発想を提示したのは、田辺からすれば他ならぬ西田であったはずなのである。故に田辺は困惑する。「私は先生の従前より同情を有せられたフィヒテの意志的観念論に近い思想が、今日の場所的自覚の立場を裏切つて居はしないかを疑はざるを得ないのである」[T4/320]。この点はなお詳細に検討する余地が残されているわけだが、少なくともこのように解釈しておくことで、西田と田辺が一度は交わった事実に対しても、そこから田辺が異を唱えるようになる必然性に対しても見通しをつけておくことができる。

田辺はこのような立場から「絶対者」を極限点として解釈すべき妥当性を主張している。その根拠は、直観という一種の絶対的なものを「連続、微分、無限」で既に理想的なものとして基礎づけたところにある。故にここに田辺の自覚の立場も現れていると解釈できる。「此処に哲学が常に相対に即しながら絶対を求めんとする愛知的動性たる所以が存する」[T4/314]という田辺の見解は、直観という到達不可能な絶対、その意味での「理想点」に対して、反省的にこれに近づこうとする自覚の決して完成することがない無限の過程性が言い換えられたものとして読むことができるのである。その証拠にこの無限の過程性という表現は、「西田先生の教を仰ぐ」の末尾では「無限の動性」という表現で換言されている。

> 哲学は一層非完結的なる立場を守り、唯絶対的なるものへの極限的関係に於て反省せられる無限の動性に住し、その非完結的欠隙の故に却て行為に於て現実に処する生命の力を宿すものではないであらうか。[T4/328]

絶対的なるものへの反省、しかも極限的になされる反省の無限の動性にこそ、哲学の立場というものがある。[19] こうした田辺の哲学観は、一つの太い軸として後の田辺哲学を指導していく側面を持っていると考えられる。田辺のこの考えは「連続、微分、無限」で数学的に裏づけられて以来、根本的には変わっていない。

既に触れたように、田辺の批判は一面に西田に対する困惑に由来している。なぜなら田辺がこの批判でとっている立場は、何度も述べたように、元々は西田が『自覚に於ける直観と反省』で示したはずの立場だからである。その意味では、西田を踏襲していたはずの田辺の目には、「働くもの」から「見るもの」への転回は一種の戸惑いを伴う不可解として映ったことだろう。一方西田は転回という割にはその立場自体は『自覚に於ける直観と反省』で既に暗示されていたし、それは既に確認した通りである。西田は「極限点」が「現実の意識」を含み得ないことを最終的に懸念していた。「刀折れ矢竭きて」[2/11]という「序」の回顧はその意味で述べられたと解釈することもできる。また、『自覚に於ける直観と反省』の「改版の序」には「色々な方角から最後の立場が示唆せられては居るが、それが真に把握せられてそこから積極的に問題が解決せられてゐない」[2/12-13]とあるが、特に「最後の立場が示唆せられては居る」という点に、当時から既に「見るもの」に気を払っていたことが読み取れる。

このように彼らの関係は言わば平行線で、とりわけ前章で見た『自覚に於ける直観と反省』と「連続、微分、無限」での直観、反省、自覚という同じ術語の使用という点で外見上交わってしまってはいるが、その内実としてはむしろ各々大きな変化はなかった。少なくとも「西田先生の教を仰ぐ」の田辺側の論点には、明らかに極限をめぐる直観、反省、自覚の解釈の問題が潜在しているのである。

四　『無の自覚的限定』での応答——西田の「考慮」

最後に『無の自覚的限定』（一九三二年）での西田の田辺に対する応答を確認しよう。西田はこの著作の「序」で「田辺君の批評を考慮して」[6/6]、第二論文「場所の自己限定としての意識作用」（一九三〇年）と第三論文「私の絶対無の自覚的限定といふもの」（一九三一年）を執筆したことに触れている。ところでこれらの論文を西田・田辺論争の問題として取り扱う際、従来の研究では「西田先生の教を仰ぐ」で提出された個々の疑問に対して西田がここで明確な答弁を行なっているようには読めず、いったいどのような意味で「考慮」したのかが判明でないということが報告されてきた。[20] 本章ではこの「考慮」が当の論文において、まさにこれまで検討してきた極限概念と自覚をめぐる問題として現れているということを確認したい。前章までの問題を念頭に置くことで、『無の自覚的限定』での西田側の田辺に対する「考慮」は明確に見出すことができる。

ここでは「場所の自己限定としての意識作用」に絞って検討を行う。これに続く「私の絶対無の自覚的限定といふもの」においても極限の問題が「考慮」されていることは十分確認できるのだが、[21] こちらの論文では「永遠の今が今自身を限定すること」[6/131] ないし「非連続の連続」[6/145] といった以後の西田哲学の骨格概念が展開されていく点がむしろ重要であって、田辺への「考慮」に関しては前の論文の方が検討しやすいからである。「場所の自己限定としての意識作用」はその題目通り、意識現象ないし意識作用が場所的論理の立場からしてどのような位置づけで考えられるのかを論じたものである。この主題は、以上で繰り返し見てきた「見る自己」としての直観とそれに纏綿する極限の問題との関係で捉えることができる。このことを確認するにあたっては、この論文での西田の自覚への言及を参照するのが手っ取り早い。

> 私はいつも云ふ如く自覚といふのは自己に於て自己を見ると考へられ、而も自己が見られない所に即ち自己が無となつた所に真の自己を見ると考へられるのである。対象的に見られるかぎり、それは自己でない、極限として見られると云つても、それは既に真の自己ではない。自己に於て自己を見るといふのは何処までも対象的なるものを包むといふことを意味するのである、場所が無となつて行くといふことを意味するのである。極限といふものが見られるかぎりそれが純なる作用といふ如きものであつても、既にその場所が限定せられると云ふことができる、何処までも包むと云はれない、場所が真の無となるとは云はれない。[6/89]

西田がここで自覚の定式に〈自己が〉を入れていないのは、文字通り「自己が見られない」、「自己が無」ということを念頭に置いているからだと考えられる。まずここから解釈したい。

本稿では「直観の反省」を《直観を》〈直観する〉こととして、延いては〈自己が〉《自己を》〈見る〉自覚として解釈しておいた。端的な「見る自己」は《直観を》や《自己を》の位置には決して置かれず、必ず〈直観する〉ないし〈自己が―見る〉の側に考えられなければならないのだった。しかし〈直観する〉を論じるために我々がそれを「直観」と呼んでみたり、〈自己が―見る〉を「見る自己」と言い換えてみたりすると、それはたちまち《自己を》の位置に移ってしまう――これが本稿の一で考察したことである。ところで、本来未分の原初的直観としてはただ〈見る〉あるのみで、〈自己が〉は不要であるばかりでなく、主観として既に分化を期したものである点から言えば余計なものですらある。にもかかわらずここまで〈自己が〉を敢えて立ててきたのは、〈自己が―見る〉の同次元性を強調することで認識論的に《自己を》と対比させるためである。それではそもそも〈自己が〉はどのように主観として分立するのだろうか。これについては詳細な検討が必要であるが、少なくとも我々は〈見る〉という簡素な動詞的述語的表現に十分満足することはできないはずである。たとえ最低限〈見る〉とだけ言ったとしても、そこに「何が」という問いを差し挟むことを控えて、充足し安息することは難しい。ここに「何が」が差し挟まれることによって、我々は「見るもの」、「見る自己」なるものを論理的に要請される。これを主語的に定立することで、「見るものが見る」「見る自己が見る」という表現が成立する。そこで〈見る〉ものは〈自己が〉の自己として考えられる。ここに所謂「主観」としての「見る自己」ができあがる。翻して言えば、「見る自己」なるものを考え、想定することには、〈見る〉という状況にその当の主体として〈自己が〉という主語を定立することが密接に関わっている。

従って、「見る自己」は確かに〈自己が〉の自己であって〈見る〉と同次元にあるのだが、しかし〈自己が〉として主語的に定立されたその受動性の限りでは「見る自己」なるものはやはり見られたものでしかない。事実上の主観を意味するはずのものが客観として見られる他ないという事実。ここに自覚の自己矛盾がある。このことを適切に表現するために西田が起用したのが「無」なのである。そもそも「無」は「主語的対象としては無といふべきもの」[5/14]〔傍点は筆者による〕と言われるように、宗教的な意味以前に以上の問題の哲学的な説明として持ち出されたものであった。もちろん「無」は宗教的な問題にも必然的に関与するが、あくまで西田は自覚の事実を哲学的に説明するに際して「知られるものに対して、知るものは対象的関係に於ては、全然無でなければならぬ、何等の対象的関係に入り込まないものでなければならぬ」[5/11]と述べるところから「無」を起用した。この意味で「無」という形容が充てがわれるのは、自覚の事実に不可避的に伴われる主語的対象化に対してであった。つまり「無」はあくまで主語的に「無」であること、対象的に「無」であることなのである。[22]こうして「見る自己」としての〈自己が〉は——実際「無」なのであるから——、特に「場所」に至って以後西田の叙述上の自覚の定式からしばしば消失することになる。

先の引用に戻ろう。「自己が無となつた所に真の自己を見る」というのは、主語的対象的には「無」と言われるしかない端的な「見る自己」こそが「真の自己」であるということだと解してよい。次にここで「極限」として見られる「純なる作用」でさえ、なお「真の自己」ではないと述べられているところが、本章の関心事である。田辺のように「無限の過程」の終極に見出される理想点的な自覚は、まさに極限という性格を帯びたものと考えられる。西田はここでこの考えを明確に退ける。西田の主張する「場所が無となつて行く」ということは、過程的にそこに到達すべきだと見做される極限点への無限の道程のような事態を意味するのではなく、〈自己が〉の自己がなくなって、単に《自己を》〈映す〉——〈自己が〉がなくなるのだから、正確には〈映す〉とも言われないだろう——つまり「対象的なるものを包む」ことなのである。いやしくも何らかの意味で「有る」と言われるようなあらゆるものがそこに於てなければならない必要条件としての端的な事実、「無にして有を限定する真の無の場所」[6/90] から見ることだと言ってもよいだろう。故に西田からすれば、自覚において対象的なものを包むということは、無限の過程が系列を形成していってその終極にある極限点が象徴的にその無限の全過程を代表するといったような「単に一般者が何処までも広がり行く」[6/90] という意味ではない。むしろ「逆にかゝる一般者を限定するといふことでなければならぬ」[6/90] と言われるように、田辺の考えるような無限の系列形成それ自体を限定することとして考えられなければならない。

このように、西田はこの論文で頻繁に「極限」という術語を起用し、それが自覚の性格なのではなく、むしろ「自覚的限定によつて極限といふものが考へられる」[6/93] ということを随所で強調している。特にこの論文の五段落目では、ほとんど断りもなく唐突にカントルやデデキントを持ち出して極限について論じているが、これは以上で見てきたような田辺との「連続、微分、無限」以来の見かけ上の交わりを念頭に置けばまったく不可解ではない。それはカントルやデデキントを通して極限概念や連続性を主題的に研究してきた田辺に対する西田なりの配慮として見ることができるわけである。

さらに西田は「連続、微分、無限」の田辺によって理想点的な性格づけをされてしまった直観、とりわけ所謂主客合一の直覚についても、極限的に考えられるようなものではないということを以下のようにはっきりと主張している。

> 直覚といふのは知るものと知られるものとの合一を意味し、場所が場所自身を限定するといふことでなければならぬ。併し斯く云ふ場合、合一するといふ意味に於て直に一つとなると考へられても、何処までも能限定面と所限定面とが区別せられなければならぬ。自己同一なるものを対象的に見れば単に一と考へられるが、それ

は所限定面即ち限定せられた一般者の自己限定として見られたのであつて、そこでは既に能限定面即ち自己自身を限定する一般者の自己限定の意味が消されて居なければならぬ。然るに、知るものと知られるものと一であるといふ直覚の意義は唯、能限定面の自己限定として考へ得るのである、かういふ意味に於ては極限に達するといふことはないのである。[6/92]

西田がここで述べている「直覚」を所謂知的直観として解する場合、重要なのはこの合一を所限定面、つまり《自己を》という対象面で考えないことである。しかし我々がまずそれを考えようとするときには、それをという仕方で対象面に映し出す他ないのだから、主客合一もまずは対象的に考えられてしまうのが普通である。しかもそれが主観と客観という絶対に結びつかないはずのものの合一であるため、主客合一の直覚は論理的には奇妙な観を呈することになる。[23]この事態を説明するために絶対に相反するものが「極限」に達して合一するのだというような解釈も出てくる。しかしいずれの場合であってもそれらは全て「所限定面」で考えられていることであって、そういう限定を限定するところの「能限定面」の観点が適切に踏まえられているわけではない。この「能限定面」と「所限定面」の区別は「見る自己」と「見られる自己」、すなわち〈自己が—見る〉と《自己を》の間の次元の差異に相当する。西田が主張しているのは、この「能限定面」の意義を適切に捉えることである。端的に〈見る〉という事態には極限に達するというようなことはない。端的に〈見る〉という事態に極限状態のようなものを考えようとする場合、そのように〈見る〉を極限的なものとして〈見る〉ところから見ているのであって、後者がむしろ端的な〈見る〉なのである。故に極限的なものはすべて《自己を》の次元で見られるものなのであり、極限的に見るということがこの次元で考えられている限り、それは「所限定面」の中で考えられたことにすぎない。適切に「能限定面」の次元で直覚を捉えておけば「極限に達するといふことはない」という西田の主張は、極めて正当な見解である。

この叙述の後で西田は、その後の西田哲学につながっていく弁証法について自身の見解を打ち出している。以上の主張から弁証法への接続については最早別稿に譲るほかないが、その中で弁証法的なものが所謂マールブルク学派的な産出とは全然異なるものであることを強調している点は、(24)やはり田辺を意識したものと見てよいだろう。いずれにせよ、「対象的限定の立場から見れば自覚の事実は形而上化せられるか、然らざれば単にポストゥラート〔要請——筆者注〕と見られるの外はない。併し我々の自覚に於ては、それは事実であつてポストゥラートではない」[6/115]とはっきり断言されている点からして、西田の自覚が決して「要請」として「求められたもの」に留まるものではないことは確実である。それはむしろ「事実」であって、田辺の考えるような「極限」的なステータスに還元されるようなものではない。このことを押し出して論じているという観点からすれば、西田は十分に「田辺君の批評を考慮して」この論文を執筆していたと言うことができる。

結論

全体の論点をまとめたい。「自覚」をめぐる西田と田辺の見解の差異というのは、西田がそれを「実在」ないし事実の次元で考えるのに対し、田辺は「理想」ないし極限的なステータスによってしか捉えられない「求められた」ものとして批判的に限界づけて捉えるという点にある。西田が直観を反省することの事実性として自覚を主張するとき、「直観を反省する」ことは端的に可能であると捉えている。その時の論拠は、その反省がそのまま直観であるという点に存する。従って本稿ではこれを「直観を直観する」と換言した。それは疑うことのできない出立点としては実在的な性格を持っていなければならない。それは決して単に理想的なものではないのである。ただ、直観を対象的に思惟し得ない（この意味で直観は「無」である）、思惟したときには既に性格を変じてしまっているという点を踏まえて、「直観を反省する」ことの究極的な不可能性を強調するとき、直観はそれなくしては思惟は成り立たないが実在的には表示し得ないという理想点的な性格を与えられることになる。このとき、それはあくまで「極限」として考えられる。この立場に立ったのが田辺である。

以上の解釈が、「直観と反省」という共通の課題に取り組んでいたはずの西田と田辺が、そこから相異なる道を歩んでいくところの岐路の内実であったと本稿では結論しておく。岐路の手前のこの交わりは書簡に見られるような交流を中心に確かにあったと言えるが、しかし田辺は本当の意味で西田の道に合流してはいなかった。それは単に自覚、直観、反省といった同様の術語を用いて同じ主題について取り組むという点で見かけ上の一致を示しているに過ぎなかった。そこで取られていた各々の立場は、確かに部分的に交わるところもあったが、結局ある意味では、最初からずっと平行線であったとも言い得る。

最後に確認した西田の応答を経て田辺はヘーゲル弁証法の理解の途を開かされ、その平行線は再び交わろうとするような動きを見せもしたが、我々が知る通り「種の論理」以降の田辺と西田の関係は最早交わることはなかったとされる。しかしそれでも両者の間に展開された所謂西田・田辺論争を見ていく上で、以上で到達した「極限」をめぐる自覚の問題が、その後どういう行く末を辿ったのかを検討する余地は十分に残されている。これを今後の課題として、本稿を結びたい。

凡例

一、西田幾多郎のテクストは、旧版の『西田幾多郎全集』（全19巻、岩波書店、一九六五-一九六六年）より引用し、【巻号/頁数】の形で略記する。

二、田辺元のテクストは、一部論文を除き、基本的に『田辺元全集』（全15巻、筑摩書房、一九六三-一九六四年）より引用し、【T巻号/頁数】の形で略記する。

注

(1) 拙論「京都の西田幾多郎と東北の田辺元――一九一〇年代における両者の関係性――」(『日本哲学史研究』第十七号、京都大学大学院文学研究科日本哲学史研究室紀要、二〇二一年)を参照されたい。

(2) 小林敏明「ロゴスとアンチ・ロゴス」『思想』第一〇五三号、二〇一二年、二二〇頁。

(3) 石川興二「ドイツ生活を共にした田邊元先生の思い出」『田辺元全集』月報九、一九六三年、三頁。

(4) 嶺秀樹「初期田辺の反省理論――西田批判の背景にあるもの――」(『関西学院哲学研究年報』五一号、二〇一七年、八頁)

(5) 同上、二頁。

(6) この点は注(1)の拙論において田辺との書簡を論拠に論じている。「三　書簡から見る心理主義的術語の克服(一九一四)」の部分を特に参照されたい。

(7) 「ほとんどの場合」という断りを入れたのは、命題においては我々にとっての対象はまず主語の位置(つまり「が」)に置かれるからである。

(8) 「自覚」の一つの適切なイメージとして、筆者は『自覚に於ける直観と反省』の以下の記述が参考になるのではないかと考えている。「或一つの立場に依つて統一せられた経験の体系を一つの円の如きものと考へ、無限なる経験体系の結合を無数の円が或一点に於て内接している如く考へて見ると、此点の切線に垂直なる直線、即ち無数なる円の中心を貫く直線が経験の動き行く方向であつて、ベルグソンの所謂流るる時 le temps qui s'écoule ともいふべき真の時の方向と考へることができるであらう」[2/257]。これを図示すると以下のようになる。

これらの円は、何等かの意味で統一された経験を一つの直観として捉える限り

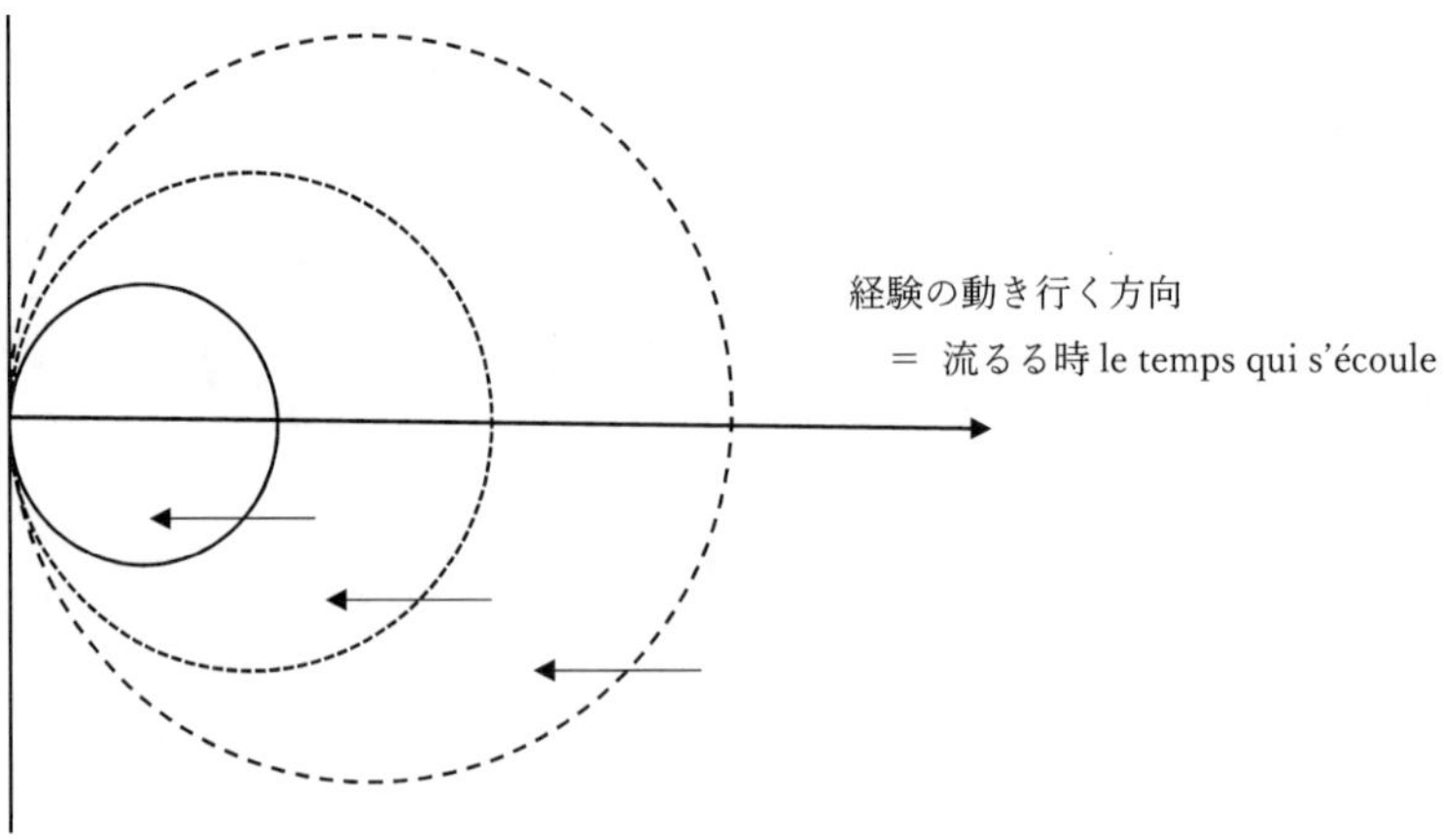

において、すべて直観とみなすことができる。ある直観を包む直観は、前者を見るものである。つまり、西田が提示した「経験の動き行く方向」とはちょうど逆向きの方向に《自己を》見る、《直観を》〈直観する〉と考えることができる。自己を見るということがそのまま経験が時間的に形成され、推移していく事態なのである。この場合、ある円を書き加える（＝ある《直観を》見る）ということが既にその直観を包むさらに大きな円を予想しているのであり、この意味で決してこの図には書き込まれ得ない、むしろ書き込まれた円の全てを包むような「無」の円こそが、真の意味での「直観」、つまり端的な「見る自己」であるということになる。後述する後年の直観に「無」という形容が充てがわれる事態も、この図から解釈できる。

（9）以上の「自覚」解釈は田中美知太郎『人生論風に』所収の「自知の構造」とも親和性がある（田中美知太郎「自知の構造」『田中美知太郎全集』第十四巻、筑摩書房、一九八七年）。

（10）『カントル超限集合論』功力金二郎・村田全訳、共立出版、一九七九年、三四頁。

（11）デデキント切断の概説は、西田哲学研究においては大橋良介が『西田哲学の世界――あるいは哲学の転回』（筑摩書房、一九九五年、六五頁）で、田辺哲学研究においては竹花洋佑が「種の自己否定性と「切断」の概念」（『日本哲学史研究』第十二号、二〇一五年、九四-九五頁）で行なってもいる。後者で引用もされているが、田辺自身が『岩波哲学辞典』において執筆した「切断」[T15/447]の項目の説明も参照されたい。

（12）「さて、一つの切断（A_1, A_2）が存在して、それが有理数によって引き起こされたものでないとすると、そのたびごとにわれわれは一つの新たな数、一つの「無理数」αを創造し、われわれはこれをこの切断（A_1, A_2）によって余すところなく定義されると見なすのである。この数αは切断に対応するとか、この数がこの切断を引き起こすとかいうことにする」（デーデキント『数について』河野伊三郎訳、岩波文庫、一九六一年、二五頁）。

（13）田辺元「連続、微分、無限」『哲学雑誌』第三四九号、三三-三四頁。

（14）同上、三四頁。なお、「十巻」は七巻の誤植であると考えられる。

（15）大橋前掲書、六七頁。

（16）田辺前掲論文、三五-三六頁。傍点は筆者による。

（17）「自覚」を極限的なものとして捉える点に関しては『数理哲学研究』でも一貫している。「〔……〕反省の統一を其統一の中心に着目して我の自覚といふならば、自覚の如何なる段階も我の全体を映写し、而して所謂個人の我は如何なる我も亦絶対的なる大我の全体を映写するものといふことが出来るであらう。併し小我の自覚も、大我の帰一も皆内面的発展の過程であつて、完成の結果ではない。自覚の終結といふものは無い。吾人は如何に反省の段階を重ねても最後の自覚なるものに達することは出来ない。自覚は反省の系列の全体であり、又其理想的極限である」[T2/484]。この箇所は博士論文原本と異同がない。

(18)　この論点は「西田先生の教を仰ぐ」表明後まもなくの段階でハイデガーの翻訳などで知られる大江精志郎が「西田、田辺両博士の論点に就て」(『理想』第十八号、理想社、一九三〇年)において鋭く指摘している。筆者の知る限り、これは西田・田辺論争に関する最も早い主題的研究であって、実際田辺自身が『ヘーゲル哲学と弁証法』の「序」[T3/80]で触れているものである。本稿のような数学的な議論を踏まえているわけではないが、大江は田辺が西田の絶対無の場所を「反省哲学的にのみ理解して、その理解から発する疑問を抱かれるのは、多少当らない点でありはしないかと思はれる」(九頁)と疑義を呈した上で、「宗教的なるものを、反省哲学的に、「生からの隔り」へ、云はば余り高い所へ、観念論的に持ち上げられたことに依るのではないか」と田辺の理解を批判している(十-十一頁)。大江の西田理解が十全であるかはさておき、「真の絶対者は単に理念として求められるものではなく、既に実存し、相対をそのうちに止揚し、従つて愛知的動性をも包める全体的現存在そのものでなければならない」(十七頁)と述べる彼の田辺批判は、少なくとも西田と田辺の間の齟齬を仲介するものとしては一定重要な意義を持っている。

(19)　こうした田辺の哲学観、こう言ってよければ方法論は、一九一八年の「獨逸唯心論に於ける哲学的認識の問題」においてはっきりと表明されている。「〔……〕絶対を知るのは絶対の活動を再構成的に知ることであつて其は絶対を自我の一面から知ることに外ならない。形而上学としての哲学は依然として先験心理学の方法に依る自我の学であるより外に未だ道あるを知らない。此は自然の根柢たる物自体の底知れぬ神秘の泉を探るのでなく、斯かる神秘の奥底から自然現象の世界が現れ出づる所を明にするものである。其示す所は泉の水が如何なるものなるかにあらずして、其水が如何なる仕方に湧き出でて、如何なる形に表面に現れるかといふことである。哲学の力及び得る範囲は此処に止まる」[T1/194]。

(20)　例えば小林敏明は「そもそもこれらの論文のどこが反批判になっているのかを識別するのは、それほど容易なことではない」と述べている(小林敏明『西田幾多郎の憂鬱』岩波現代文庫、二〇一一年、二八二頁)。あるいは太田裕信は「その応答は批判の論点に一つずつ答えるものでなく、どのような仕方で応答になっているかも判別し難い」と述べている(太田裕信「二つの行為の哲

学——西田・田辺論争をめぐって——」『日本哲学史研究』第十一号、京都大学大学院文学研究科日本哲学史研究室紀要、二〇一四年、二〇四頁)。

(21) 例えば「自覚の論理的意義を明にすることによつて、従来自覚的内容として直覚的と考へられ、非合理的と考へられたものの深い底までも、それが考へられるかぎり、如何なる意味に於て論理的意義を有し、如何なる意味に於て考へられるかを明にしようとしたのである。それがため、一般者の限定の最後の根柢をなすものが、却つて単に所謂意識的限定の極限として考へられるものと考へられたかも知れない」[6/137]という叙述などは明らかに田辺を意識したものと考えられる。

(22) ここにおいては、無を文字通り主語的実体として解釈し得る側面と、主語的実体として無である(つまり主語的には考えられ無い)という側面が表裏を成している。そこに従来の実体観の単なる批判や逆転ではなく徹底によって内側からこれを破るという趣がある。

(23) この主客合一の解釈について西田は『哲学の根本問題』(一九三三年)で、特にシェリングと自身の主張する「自己同一」とは異なるものであることに注意を払っている([7/49-50]、[7/61]など参照)。「真の自己同一といふものは主語として絶対の無であるといふ意味に於て即述語と考へられるものでなければならない。それは主語面即述語面、述語面即主語面として絶対に相反するものの自己同一といふものでなければならない」[7/182-183]。ここでも「主語として絶対の無である」という意味で「即述語」であるという点が重要である。

(24) 「マールブルク学派の生産点の如く極微的に含まれると考へるならば、それは単に限定せられた一般者の自己限定といふ如きものであつて、それから弁証法的運動は出て来ない。弁証法的運動といふものが考へられるには、そこに対象的限定としては断絶がなければならぬ」[6/105]。

(筆者　やまもと・しゅん　京都大学大学院文学研究科博士課程/日本哲学史)

THE OUTLINES OF THE MAIN ARTICLES IN THIS ISSUE

Nation, Time and Historicism
The Final Phase of the Early Tanabe's Philosophy

by

Yosuke TAKEHANA

Associate professor of Fukuoka University

In this paper, I would like to examine how historicism is found in Tanabe Hajime's discourse of nation-state（国家）, with a focus on the two very important writings in his early philosophy, namely, "The Logic of National Existence"（「国家的存在の論理」, published in 1939）and "Eternal, History and Action"（「永遠・歴史・行為」, published in 1940）. While "the logic of species" is considered as a nationalistic turn of Tanabe's philosophy, which induces the concept of "repentance"（懺悔）in his later stage of philosophy, the relationships between "nation-state" and "historicism" should be traced back to the abovementioned articles. Although the concept of "nation-state" was widely discussed in "The Logic of National Existence", the concern of "Eternal, History and Action" is neither social existence（社会存在）nor national existence（国家存在）, but the question of time. Hence, the article, "Eternal, History and Action", cannot be regarded as an extension of "the logic of species". However, after the publication of *Philosophy as Metanoetics*（『懺悔道としての哲学』）in 1946, gensō（還相）has become the most important concept of Tanabe's philosophy, which is related to the discussion of time and historicism. In addition, in the book, *The Historicistic Development of Mathematics and Physics*（『数理の歴史主義展開』）published in 1954, the standpoint of "historicist ontology of time"（歴史主義的時間存在論）was thoroughly examined, which in fact was firstly addressed in the article, "Eternal, History and Action". In other words, instead of overemphasizing the importance of "logic of species" for the nationalistic turn of Tanabe's philosophy, we should not overlook the very last phase of his early philosophy, especially the essay, "The Logic of National Existence" and the piece of work, "Eternal, History and Action" that published a year after.

La philosophie herméneutique de la liberté selon l'herméneutique philosophique de l'espérance: autour de la compréhension ricœurienne de la philosophie de la religion de Kant ainsi que de la façon de sa mise en valeur

by

Eriko SUENAGA

Chargée de cours de l'Université de
Kyoto des Arts

Paul Ricœur, penseur français contemporain connu pour sa philosophie herméneutique originale, a publié deux articles séparés d'un quart de siècle, mais attestant néanmoins d'une continuité dans leur contenu : « La liberté selon l'espérance » (1969) *dans Le Conflit des interprétations. Essais d'herméneutique* et « Une herméneutique philosophique de la religion : Kant » (1992) dans *Lectures 3. Aux frontières de la philosophie*. Dans le second article, on constate que Ricœur comprenait la philosophie de la religion de Kant en tant qu'« herméneutique philosophique de la religion (ou de l'espérance) ». C'est par là seulement que s'éclaircit le fait que l'« herméneutique de la liberté religieuse » selon Ricœur, dont le plan avait été présenté dans le premier article, recélait en soi l'« herméneutique philosophique de la religion (ou de l'espérance) » kantienne et qu'elle avait cette dernière pour moment indispensable. Le but de cette étude consiste à montrer quel était le plan herméneutique initial de Ricœur autour de la « liberté religieuse », quel était l'élément insuffisamment développé dans ce plan initial et comment il peut se développer intégralement. Afin d'élucider cela, la méthode consiste à jeter une lumière sur l'idée d'ensemble de l'« herméneutique de la liberté religieuse » ricœurienne, sous l'angle de l'« herméneutique philosophique de la religion (ou de l'espérance) » kantienne sitée à l'intérieur de la première. Plus concrètement, nous présentons un aperçu de l'« herméneutique de la liberté religieuse » dont Ricœur a élaboré le plan au prisme de la philosophie critique et de la philosophie de la religion de Kant, voire de l'« herméneutique de la résurrection » selon Moltmann, du point de vue de la « méthode » ainsi que de la « problématique » de cette herméneutique ricœurienne.

Self-Awareness as a Limit Concept: A Parting of the Ways between Nishida Kitarō and Tanabe Hajime

by

Shun YAMAMOTO
Doctor Course Student, Graduate School of Letters,
Kyoto University

This paper aims to reconsider the Nishida-Tanabe "dispute" that tainted a close relationship dating back to the 1910s. Even when Tanabe began to criticize Nishida's thought in his 1930 essay, "Looking up to the Teachings of Professor Nishida," he continued to respect his person. What was it, then, that make Tanabe turn away so abruptly? Part of the reason for their falling out has to do with their different understandings of self-awareness. Tanabe adopted to the idea of a "limit concept" (*Grenzbegriff)*, which he had employed in his philosophical studies of mathematics, to interpret Nishida's idea of self-awareness. This was the first sign of a split between them: Nishida understood self-awareness as real and not simply as an ideal, while Tanabe took the viewpoint of critical philosophy and saw it only as an ideal. When their disagreement came into the open in 1930, Nishida's response was to defend his idea of self-awareness vigorously. There are four steps to our treatment of this parting of the ways. First, we will seek to clarify the meaning of self-awareness as a self-reflection of the self (自己が自己を映す) that expresses the relation between subject and object by distinguishing clearly between them. Second, we will show how the difference in their approaches to self-awareness hinges on Tanabe's view of ideals as limit concepts. Third, we will trace this difference explicitly in Tanabe's essay. And finally, we will attempt to illuminate what Nishida meant in a prefatory note to a collection of papers published in 1932 under the title *The self-aware-determination of Nothingness* when he declared that he had given "consideration" (考慮) to Tanabe's criticisms.

会告

一、本会は会員組織とし会員には資格の制限を設けません。入会希望の方は京都市左京区吉田本町京都大学大学院文学研究科内京都哲学会（振替口座〇一〇二〇－一－四〇三九　京都哲学会）宛に年会費六、〇〇〇円をお支払下さい。

一、会員の転居・入退会の事務及び編集事務の一切は京都哲学会宛に御通知下さい。

一、本誌の編集に関する通信・新刊書・寄贈雑誌等は本会宛にお送り下さい。

一、本誌への論文の投稿は、原則として本会会員のみ受付け、掲載の可否については、編集委員会と編集委員会で委嘱した委員（若干名）の査読を経て、編集委員会で決定する。（本会主催の公開講演会の講演原稿の掲載など、編集委員会依頼による論文掲載については、この限りではない。）

京都哲学会
〒六〇六－八五〇一
京都市左京区吉田本町
京都大学大学院文学研究科内
（〇七五－七五三－二八六九）

令和四年二月二十一日印刷
令和四年二月二十八日発行

編集兼発行人　京都大学大学院文学研究科内　京都哲学会

編集委員　杉村靖彦　児玉聡　上原麻有子

発売所　京都大学学術出版会
京都市左京区吉田近衛町六九
京都大学吉田南構内（六〇六－八三一五）
電話〇七五－七六一－六一八二

印刷所　株式会社文成印刷

註文規定

一、本誌の御註文はすべて代金送料共（一部、送料二〇〇円）前金にて京都哲学会宛お送り下さい。

ISBN978-4-8140-0413-3

ISBN978-4-8140-0413-3 C3310 ¥2500E
定価：本体2,500円（税別）

9784814004133

1923310025008

THE JOURNAL
OF
PHILOSOPHICAL STUDIES

THE TETSUGAKU KENKYU

NO. 607 February 2022

Articles

Published by
THE KYOTO PHILOSOPHICAL SOCIETY
(The Kyoto Tetsugaku-Kai)
Kyoto University
Kyoto, Japan